Kendi Kendine-Pratik
İNGİLİZCE
KONUŞMA KLAVUZU

Practical
ENGLISH GUIDE

MILET
LONDON

**Milet Limited
Publishing & Distribution**
PO Box 9916
London W14 ORX

Published in the UK by Milet Limited, 1998

Copyright © Milet Limited

ISBN 1 84059 052 1

All rights reserved

Printed in Turkey

FONO
AÇIKÖĞRETİM KURUMU

**kendi kendine
pratik
ingilizce konuşma
kılavuzu**

Hazırlayan:

Şerif DENİZ

Denetleyenler:

Gordon JONES
Orhan ERCEM

ÖNSÖZ

Bu kitabın amacı İngilizce öğrenmekte olan veya bu dili öğrenmeye henüz başlamış bulunan kimselere, yurtdışına gittiklerinde ya da Türkiye'de bir yabancıyla konuşmaları gerektiğinde çeşitli konularda isteklerini anlatabilme ve söylenenleri bir dereceye kadar anlama yeteneği kazandırmaktır.

Bunun dışında, İngilizce öğrenmekte olan kişilerin de kitaptaki cümleleri tekrarlayarak bildiklerini gözden geçirmek, bilmediklerini öğrenmek suretiyle yararlanmaları da mümkündür. Bu, onlara konuşma pratiği kazandıracak ve konuşma dilindeki kalıpları öğretecektir.

Kitaptaki konular çeşitli yer ve durumlara göre düzenlenmiştir. Aranılan konunun hangi sayfada olduğu "İÇİNDEKİLER" bölümünde kolayca görülebilir.

Cümleler verilirken önce Türkçesi verilmiş, onun altında İngilizce karşılığı yer almıştır. İngilizce cümlenin okunuşu hemen altında ve köşeli parantez içindedir.

Bölümlerin arkasında o konuda konuşmalarda geçebilecek sözcükler verilmiştir. Bunlar o bölümdeki cümlelerde diğer sözcüklerin yerine kullanılarak isteğe göre pek çok cümle yapılabilir. Örneğin, "Bugün hava sıcak." cümle kalıbında "sıcak" yerine "ılık, soğuk, güneşli, yağmurlu" sözcükleri getirilerek birçok cümle elde edilebilir.

İNGİLİZCE OKUNUŞ BİLGİSİ

İngilizcede olduğu halde Türkçede bulunmayan sesler bu kitapta o, ı, e, ö, d, t şeklinde siyah gösterilmiştir. Okunuşlarda siyah harfler ile belirtilen bu sesler hakkında kısaca bilgi verelim.

o : Bunu okumak için ağız normal o sesini çıkarırken yapıldığından biraz daha fazla açılmalıdır. Bu şekilde o ila a arası bir ses meydana gelir. İşte siyah /o/ bu sesi göstermektedir. Örn: **dog** /dog/, **not** /not/.

ı : Türkçedeki ı ile e arası bir sesle okunur. Ağız Türkçe'deki ı sesini çıkartırken olduğu gibi gergin ve az açık tutulmayıp gevşek ve biraz daha fazla açılmış durumdayken ı denecek olursa /ı/ ile gösterdiğimiz ses çıkartılmış olur. Örn: flower /'flauı/, **woman**, /'wumın/.

e : Ağız Türkçe'deki a sesini çıkartmak için açılmışken e denecek olursa siyah /e/ ile gösterdiğimiz ses elde edilmiş olur. Örn: **Bag** /beg/, **map** /mep/.

ö: : Siyah /ı/ ile gösterdiğimiz sesin uzunu olan bu ses Türkçedeki uzun /ö/ sesine çok yakındır. Örn: **girl** /gö:l/, **shirt** /şö:t/.

t : Dilin ucu, üst dişlerin uç kısmına hafifçe dokunur durumdan ayrılırken /t/ denecek olursa bu ses çıkarılmış olur. Örn: **thin** /tin/, **mouth** /maut/.

d : Dilin ucu, üst dişlerin uç kısmına hafifçe dokunur durumdan ayrılırken /d/ denecek olursa bu ses çıkarılmış olur. Örn: **this** /dis/, **father** /'fa:dı/.

/ng/ : İngilizce sözcük sonlarındaki ng harflerinin okunuşu bu harfleri ayrı ayrı belirtmek suretiyle değil, dilin gerisi arka damakta dayalı haldeyken /n/ sesi çıkarmak suretiyle yapılır.

/w/ : Bu ses, duvak ve duvar sözcüklerindeki gibi dudak yuvarlanarak söylenen /v/ sesine benzer.

: işareti : Sesli bir harfin yanında bulunan /:/ işareti o seslinin biraz uzunca okunucağını gösterir.

İÇİNDEKİLER

ÖNSÖZ 5

GENEL KONULAR

Çok önemli birkaç söz 11
Dil bilme, söyleneni anlama 15
Selamlaşma 20
Kendiniz hakkında 22
Tanışma, tanıştırma 27
Rica, istek 29
Teşekkür etme, özür dileme 32
Vedalaşma 34
Bilgi edinme, yer sorma 36
İşaretler 41
Zaman bildirme, zaman sorma 43
Genel konuşmalar 55
Soru sözcükleri 60

YOLCULUK

Trenle yolculuk 65
Otomobille yolculuk 75
Uçakla yolculuk 85
Sınırlarda giriş çıkış 91

BARINMA, KONAKLAMA

Otel 97
Pansiyon 106

ŞEHİRDE

Yol sorma 113
Dolaşma, gezme 117
Taşıt aracı 128
Sinema, tiyatro, konser 132
Postanede 138
Poliste 140
Bankada 144
Lokantada 148

İŞ

İş arama 163
Meslekler 168
İşyerinde 172

ALIŞVERİŞ

Büyük mağazada 183
Saatçide 198
Fotoğrafçıda 202

SAĞLIK VE BAKIM

Eczanede 209
Doktorda 215
Dişçide 233
Erkek berberinde 237
Kadın berberinde 241

SPOR VE EĞLENCE

Yüzme 247
Dans 250

Genel Konular

ÇOK ÖNEMLİ BİRKAÇ SÖZ

Evet.
Yes.
/yes/

Hayır.
No.
/nou/

Affedersiniz.
Excuse me.
/ik'skyu:z mi/

Teşekkür ederim.
　Thank you.
　/'tenk yu/

Çok teşekkür ederim.
　Thank you very much.
　/'tenk yu 'veri maç/

Bir şey değil.
　Not at all.
　/not et o:l/

Özür dilerim.
　I am sorry.
　/ay em 'sori/

Lütfen.
　Please.
　/pli:z/

Pekala.
　All right.
　/o:l rayt/

Bay ...
　Mr. ...
　/'mistı/
　(soyadı önünde kullanılır.)

Beyefendi.
  Sir.
  /sö:/

Bayan ...
  Mrs ... (Evli bayanın soyadı önünde kullanılır.)
  /'misiz/

Bayan ...
  Miss ... (Evli olmayan bayanın soyadı önünde kullanılır.)
  /mis/

Allahaısmarladık.
  Good-bye.
  /'gud 'bay/

Güle güle.
  Good-bye.
  /'gud 'bay/

Bu nedir?
  What is this?
  /wot iz dis/

... nerededir?
  Where is ...?
  /weı iz .../

Lütfen buraya geliniz.
  Come here, please.
  /kam hiı pli:z/

Lütfen oturunuz.
  Please sit down.
  /pli:z sit daun/

Doğru mu?
  Is it correct?
  /iz it kı'rekt/

Hayır, doğru değil; yanlış.
  No, it is not correct; it is wrong.
  /nou it iz not kı'rekt it iz rong/

Evet, doğru.
  Yes, it is correct.
  /yes it iz kı'rekt/

Tamam!
  Okay!
  /ou'key/

İmdat!
  Help!
  /help/

DİL BİLME, SÖYLENENİ ANLAMA

İngilizce (Türkçe) konuşur musunuz?(Bilir misiniz?)
Do you speak English (Turkish)?
/du yu spi:k 'ingliş ('tö:kiş)/

Evet, İngilizce konuşurum. (Bilirim).
Yes, I speak English.
/yes ay spi:k 'ingliş/

Hayır, İngilizce konuşamam. (Bilmem).
No, I don't speak English.
/nou ay dount spi:k 'ingliş/

İngilizceyi biraz konuşurum.
I speak English a little.
/ay spi:k 'ingliş ı litıl/

İngilizceyi anlayabilirim fakat konuşamam.
I can understand English but I can't speak it.
/ay ken andı'stend 'ingliş bat ay ka:nt spi:k it/

Anlıyor musunuz?
Do you understand?
/du yu andı'stend/

Beni anlıyor musunuz?
　Do you understand me?
　/du yu andı'stend mi:/

Sizi anlamıyorum.
　I don't understand you.
　/ay dount andı'stend yu/

Her şeyi anlıyorum.
　I understand everything.
　/ay andı'stend 'evriting/

Lütfen yavaş konuşunuz.
　Please speak slowly.
　/pli:z spi:k slouli/

Biraz daha yavaş konuşabilir misiniz?
　Could you speak a little more slowly?
　/kud yu spi:k ı litıl mo: slouli/

Yavaş konuşursanız anlayabilirim.
　I can understand if you speak slowly.
　/ay ken andı'stend if yu spi:k slouli/

Anlamadım.
　I didn't understand.
　/ay didınt andı'stend/

Bu ne demektir? (Anlamı nedir)?
What does this mean?
/wot daz dis mi:n/

Bu sözcüğün anlamı nedir?
What is the meaning of this word?
/wot iz dı 'mi:ning ov dis wö:d/

Bu sözcüğü nasıl telaffuz edersiniz?
How do you pronounce this word?
/haw du yu prı'nauns dis wö:d/

(Onu) yazabilir misiniz, lütfen?
Can you write it down, please?
/ken yu rayt it daun pli:z/

Lütfen hatalarımı düzeltiniz.
Please correct my mistakes.
/pli:z kı'rekt may mis'teyks/

Özür dilerim, hiçbir şey anlayamadım.
I'm sorry, I couldn't understand anything.
/aym 'sori ay kudınt andı'stend eniting/

Bunu bana tercüme edebilir misiniz?
Can you translate this for me?
/ken yu trens'leyt dis fı mi/

İngilizcemi ilerletmek istiyorum.
I want to improve my English.
/ay wont tu im'pru:v may 'ingliş/

Sizi anlıyorum.
I understand you.
/ay andı'stend yu/

İngilizcenizi nerede öğrendiniz?
Where did you learn your English?
/weı did yu lö:n yo: 'ingliş/

Okulda biraz İngilizce öğrendim.
I learned some English at school.
/ay lö:nt sam 'ingliş et sku:l/

Ne kadar zamandır İngilizce öğreniyorsunuz?
How long have you been learning English?
/haw long hev yu bi:n lö:ning 'ingliş/

İngilizce öğrenmeye yeni başladım.
I've just started learning English.
/ayv cast sta:tid lö:ning 'ingliş/

... aydır İngilizce öğrenmekteyim.
I have been learning English for ... months.
/ay hev bi:n lö:ning 'ingliş fo: ... mants/

Okuduğumu anlayabiliyorum.
I can understand what I read.
/ay ken andı'stend wot ay ri:d/

İngilizcem hakkında ne düşünüyorsunuz?
What do you think of my English?
/wot du yu tink ov may 'ingliş/

Biraz pratiğe ihtiyacım var.
I need some practice.
/ay ni:d sam 'prektis/

... sözcüğünün İngilizcesi nedir?
What is the English for the word ...?
/wot iz di 'ingliş fo: dı wö:d .../

SELAMLAŞMA

Merhaba.
Hello.
/hı'lou/

Günaydın.
Good morning.
/gud 'mo:ning/

Tünaydın.
Good afternoon.
/gud a:ftı'nu:n/

İyi akşamlar.
Good evening.
/gud 'i:vning/

İyi geceler.
Good night.
/gud nayt/

Nasılsınız?
How are you?
/haw a: yu/

İyiyim, teşekkür ederim.
   I'm fine, thank you.
   /aym fayn 'tenk yu/

Çok iyiyim teşekkür ederim, ya siz?
   I'm very well, thank you and you?
   /aym 'veri wel tenk yu end yu/

Ne var, ne yok? (İşler nasıl?)
   How's life?
   /hawz layf/

Fena değil.
   Not bad.
   /not bed/

Karınız (kocanız) nasıl?
   How is your wife (husband)?
   /haw iz yo: wayf ('hazbınd)/

Çoluk çocuk nasıl? (Aileniz nasıl)?
   How's your family?
   /hawz yo: 'femıli/

Hepsi iyiler.
   They are all fine.
   /dey a: o:l fayn/

KENDİNİZ HAKKINDA

Adım Ahmet'tir.
My name's Ahmet.
/may neymz ahmet/

Türk'üm.
I'm Turkish.
/aym 'tö:kiş/

Ankara'lıyım.
I'm from Ankara.
/aym from ankara/

... yaşındayım.
I'm ... years old.
/aym ... yıız ould/

Ben bir öğrenci (doktor, öğretmen, işçi ...) yim.
I'm a student (doctor, teacher, worker ...).
/aym ı 'styu:dınt ('doktı ti:çı wö:kı ...)/

İstanbul'da oturuyorum.
I live in İstanbul.
/ay liv in istanbul/

Bu otelde kalıyorum.
　I'm staying in this hotel.
　/aym steying in dis hou'tel/

Tatillerimi burada geçiririm.
　I spend my holidays here.
　/ay spend may 'holideyz hiı/

İngiltere'nin neresindensiniz?
　Where in England are you from?
　/weı in 'inglınd a: yu from/

Babam bir işçi (memur, berber ...) dir.
　My father is a worker (civil servant, barber ...).
　/may 'fa:dı iz ı wö:kı (sivil sö:vınt 'ba:bı ...)/

Adınız ne(dir)?
　What's your name?
　/wots yo:? neym/

İngiliz misiniz?
　Are you English?
　/a: yu 'ingliş/

Nerelisiniz?
　Where are you from?
　/weı a: yu from/

23

Kaç yaşındasınız?
How old are you?
/haw ould a: yu/

Ne iş yapıyorsunuz?
What do you do?
/wot du yu du/

İşiniz nedir?
What's your job?
/wots yo: cob/

Evli misiniz?
Are you married?
/a: yu 'merid/

Evet, evliyim.
Yes, I'm married.
/yes aym 'merid/

Bekârım.
I'm single.
/aym 'singıl/

Çocuğunuz var mı?
Have you got any children?
/hev yu got eni 'çildrın/

Bir kızım ve iki oğlum var.
　I've got a daughter and two sons.
　/ayv got ı do:tı end tu: sanz/

... adında bir kızım (oğlum) var.
　I've got a daughter (son) called ...
　/ayv got ı 'do:tı (san) ko:ld .../

Çocuğum yok.
　I haven't got any children.
　/ay hevnt got eni 'çildrın/

Karım bir öğretmen (hemşire, sekreter, ev kadını)dır.
　My wife is a teacher (nurse, secretary, house-wife ...).
　/may wayf iz ı 'tiçı (nö:s, 'sekrıtri, 'hauswayf ...)

Kardeşleriniz var mı?
　Have you got any brothers or sisters?
　/hev yu got eni 'bradız o: 'sistız/

Kardeşim yok.
　I haven't got any brothers or sisters.
　/ay evınt got eni 'bradız o: 'sistız/

Bir erkek kardeşim ve iki kız kardeşim var.
　I've got a brother and two sisters.
　/ayv got ı 'bradı end tu: 'sistız/

Yolculuk yapmayı çok severim.
I like travelling very much.
/ay layk 'trevıling veri maç/

Boyum 1 metre ve 70 santimdir.
I'm one metre seventy centimetres tall.
/ay em wan mi:tı 'sevınti 'sentimi:tız to:l/

Hobilerim sinema ve müziktir.
My hobbies are sports, cinema and music.
/may hobi:z a: spo:ts 'sinımı end 'myu:zik/

Ben Müslümanım.
I'm a Muslim.
/aym ı 'mazlım/

TANIŞMA, TANIŞTIRMA

Sizi Bay (Bayan ...) ile tanıştırayım.
Let me introduce you to Mr. (Mrs./Mrs) ...
/let mi intrı'dyu:s yu tu 'mistı (misiz/mis) .../

Kendimi takdim edeyim.
Let me introduce myself.
/let mi intrı'dyu:s may'self/

Bu benim arkadaşım ...
This is my friend .../
/dis is may frend .../

Tanıştığımıza sevindim.
Nice to meet you.
/nays tu mi:t yu/

Memnun oldum. (Cevabı da aynı biçimdedir.)
How do you do?
/haw du yu du:/

Adınız ne(dir)?
What's your name?
/wots yo: neym/

Adım ... dır.
   My name's ...
   /may neymz .../

Soyadınız ne(dir)?
   What's your surname?
   /wots yo: 'sö:neym/

Soyadım ... dır.
   My surname's ...
   /may sö:neymz .../

Affedersiniz, adınız Bay Brown mu?
   Excuse me, is your name Mr. Brown?
   /ik'skyu:z mi iz yo: neym 'mistı braun/

Siz Bay Green misiniz?
   Are you Mr. Green?
   /a: yu 'mistı gri:n/

Burada mı oturuyorsunuz?
   Do you live here?
   /du yu liv hiı/

Burayı sevdiniz mi?
   Do you like it here?
   /du yu layk it hiı/

RİCA, İSTEK

Lütfen.
Please.
/pli:z/

Bana bir ... verebilir misiniz, lütfen?
Can you give me a ... please?
/ken yu giv mi ı ... pli:z/

Lütfen bana yolu gösteriniz.
Please show me the way.
/pli:z şou mi dı wey/

Kapıyı kapar mısınız, lütfen?
Will you shut the door, please?
/wil yu şat dı do: pli:z/

Bana bir iyilikte bulunabilir misiniz?
Could you do me a favour?
/kud yu du: mi ı 'feyvı/

Müsaade eder misiniz? (otobüste vs.)
Excuse me.
/ik'skyu:z mi/

Ne arzu ederdiniz?
   What would you like?
   /wot wud yu layk/

... nin nerede olduğunu söyleyebilir misiniz?
   Could you tell me where ... is?
   /kud yu tel mi weı ... is/

Ne istiyorsunuz?
   What do you want?
   /wot du yu wont/

Bir paket şeker istiyorum.
   I want a packet of sugar.
   /ay wont ı 'pekit ov şugı/

Bir gömlek (bir çift ayakkabı, bir şişe şarap) istiyorum.
   I want a shirt (a pair of shoes, a bottle of wine).
   /ay wont ı şö:t (ı peı ov şu:z ı 'botıl ov wayn)/

... ister misiniz?
   Do you want ...?
   /du yu wont .../

... ister miydiniz?
   Would you like ...?
   /wud yu layk .../

... yı uzatabilir misiniz, lütfen?
   Can you pass the ... please?
   /ken yu pa:s dı ... pli:z/

Hiçbir şey istemiyorum.
   I don't want anything.
   /ay dount wont 'eniting/

Bir telefon edebilir miyim?
   Can I make a telephone call?
   /ken ay meyk ı teli'foun ko:l/

Bu gömlekleri satın almak istiyorum.
   I want to buy these shirts.
   /ay wont tu bay di:z şö:ts/

Size bir soru sorabilir miyim?
   Can I ask you a question?
   /ken ay a:sk yu ı kwes'çın/

Kaleminizi ödünç alabilir miyim?
   Can I borrow your pen?
   /ken ay 'borou yo: pen/

... yı gösterebilir misiniz?
   Can you show ...?
   /ken yu şou .../

TEŞEKKÜR ETME, ÖZÜR DİLEME

Teşekkür ederim.
 Thank you.
 /tenk yu/

Çok teşekkür ederim.
 Thank you very much.
 /tenk yu 'veri maç/

Teşekkürler.
 Thanks.
 /tenks/

Bir şey değil.
 Not at all.
 /not et o:l/

Her şey için teşekkürler.
 Thanks for everything.
 /tenks fı 'evriting/

Aldırma (Boş ver).
 Never mind.
 /nevı maynd/

Özür dilerim.
I'm sorry.
/aym 'sori/

Fark etmez.
It doesn't matter.
/it dazınt 'metı/

Rica ederim.
That's all right.
/dets o:l rayt/

Rahatsız ettiğim için özür dilerim.
Sorry to trouble you.
/sori tu 'trabıl yu/

VEDALAŞMA

Allahaısmarladık.
Good-bye.
/'gud 'bay/

Güle güle.
Good-bye.
/'gud 'bay/

Görüşürüz.
See you.
/si: yu/

Yakında görüşürüz.
See you soon.
/si: yu su:n/

Sonra görüşürüz.
See you later.
/si: yu leytı/

İşi şanslar.
Good luck.
/gud lak/

Pazartesi (cuma ...) görüşürüz.
See you on Monday (Friday ...).
/si: yu on 'mandi ('fraydi ...)/

İyi tatiller.
Have a nice holiday.
/hev ı nays 'holidi/

Tekrar ne zaman görüşeceğiz?
When shall we meet again?
/wen şel wi mi:t ı'gen/

Yarın (öbür gün, cumartesi günü, gelecek hafta) görüşebilir miyiz?
Can we meet tomorrw (the day after tomorrow, Saturday, next week?
/ken wi mi:t tı'morou (dı dey a:ftı tı'morou 'setıdi nekst wi:k)/

İyi yolculuklar.
Have a nice journey.
/hev ı nays cö:ni/

... ya benden selam söyleyin.
Give my regards to ...
/giv may ri'ga:dz tu .../

BİLGİ EDİNME, YER SORMA

Müze (istasyon, park ...) nerededir?
Where is the museum (station, park ...)?
/weı iz dı myu:ziım (steyşın pa:k ...)/

Biletleri nereden alabilirim?
Where can I get the tickets?
/weı ken ay get dı 'tikits/

Nereden geliyorsun(uz)?
Where are you coming from?
/weı a: yu kaming from/

... ne kadar uzaklıkta?
How far is ...?
/haw fa: iz .../

Ne istiyorsunuz?
What do you want?
/wot du yu wont/

Ne arzu ediyorsunuz?
What would you like?
/wot wud yu layk/

Size yardım edebilir miyim?
　Can I help you?
　/ken ay help yu/

Bu işaret nedir?
　What's that sign?
　/wots det sayn/

Tuvalet (gişe ...) nerededir?
　Where is the toilet (booking-office ...)?
　/weı iz dı 'toylit (buking ofis ...)/

... ya nasıl gidebilirim?
　How can I get to ...?
　/haw ken ay get tu .../

Ne kadar sürer?
　How long does it take?
　/haw long daz it teyk/

Bu ne demektir?
　What does this mean?
　/wot daz dis mi:n/

Bu istasyonun adı nedir?
　What's the name of this station?
　/wots dı neym ov dis 'steyşın/

Lütfen bana ... nın nerede olduğunu söyler misiniz?
Will you please tell me where ... is?
/wil yu pli:z tel mi weı ... iz/

Bu ne için?
What's this for?
/wots dis fo:/

Ne oldu? (Mesele ne?)
What's the matter?
/wots dı 'metı/

Danışma bürosu nerede?
Where's the information office?
weız dı infı'meyşın 'ofis/

Bu taraftan mı gideceğiz?
Shall we go this way?
/şel wi gou dis wey/

İstasyon ne kadar uzaklıktadır?
How far is the station?
/haw fa: iz dı 'steyşın/

Şu bina ne binası?
What's that building?
/wots det 'bilding/

38

Nerede bekleyebilirim?
　Where can I wait?
　/weı ken ay weyt/

Otobüs durağı nerededir?
　Where is the bus-stop?
　/weı iz dı bas stop/

En yakın banka (eczane, postane ...) nerede?
　Where is the nearest bank (chemist's, post-office ...)/
　/weı iz dı 'nıırist benk ('kemists poust 'ofis ...)/

Nerede bir taksi bulabilirim?
　Where can I find a taxi?
　/weı ken ay faynd ı 'teksi/

39

Dükkânlar ne zaman açılır (kapanır)?
When do the shops open (close)?
/wen du dı şops 'oupın (klouz)/

Otomobilimi nerede park edebilirim?
Where can I park my car?
/weı ken ay pa:k may ka:/

Şehir turu hakkında bilgi istiyorum.
I want information about the sight-seeing tour.
/ay wont infı'meyşın ı'baut dı 'saytsi:ing tuı/

Şehir turu için bir bilet kaç paradır?
How much is a ticket for the sight-seeing tour?
/haw maç iz ı 'tikit fo: dı 'saytsi:ing tuı/

Bu yol ... ya gider mi?
Does this road go to ...?
/daz dis roud gou tu .../

Nerede ekmek (bira, su ...) bulabilirim?
Where can I find bread (beer, water ...)/
/weı ken ay faynd bred (bıı wo:tı ...)/

Bana ... hakkında biraz bilgi verebilir misiniz?
Could you give me some information about ...?
/kud yu giv mi sam infı'meyşın ı'baut .../

İŞARETLER

TEK YÖNLÜ YOL
ONE-WAY STREET
/wan wey stri:t/

PARK YAPILMAZ
NO PARKING
/nou 'pa:king/

SAĞA (SOLA) DÖNÜNÜZ
TURN RIGHT (LEFT)
/tö:n rayt (left)/

YAVAŞ SÜRÜNÜZ
DRIVE SLOWLY
/drayv 'slouli/

VARIŞ
ARRIVAL
/ı'rayvıl/

BAGAJ
LUGGAGE
/'lagic/

SAĞA DÖNÜLMEZ
NO RIGHT TURN
/nou rayt tö:n/

GİRİLMEZ
NO ENTRY
/nou 'entri/

KAVŞAK
CROSSROADS
/'krosroudz/

ŞEHİR MERKEZİ
CITY CENTRE
/siti 'sentı/

HAREKET (KALKIŞ)
DEPARTURE
/di'pa:çı/

LOKANTA
RESTAURANT
/'restırant/

TUVALETLER
  LAVATORIES
  /'levıtıri:z/

GİRİŞ
  ENTRANCE
  /'entrıns/

HANIMLAR İÇİN
  LADIES
  /'leydi:z/

MEŞGUL
  ENGAGED
  /in'geycd/

KAPALI
  CLOSED
  /klouzd/

BEKLEME SALONU
  WAITING ROOM
  /'weyting rum/

İMDAT ÇIKIŞI
  EMERGENCY EXIT
  /i'mö:cınsi 'eksit/

DANIŞMA
  INFORMATION
  /infı'meyşın/

ÇIKIŞ
  EXIT
  /'eksit/

BEYLER İÇİN
  GENTLEMEN
  /'centılmın/

BOŞ
  VACANT
  /'veykınt/

AÇIK
  OPEN
  /'oupın/

EMANET
  LEFT LUGGAGE
  /left 'lagic/

SATILIK
  FOR SALE
  /fo: seyl/

ZAMAN BİLDİRME, ZAMAN SORMA

Saat kaç?
What time is it?
/wot taym iz it/

Saat kaç?
What is the time?
/wot iz dı taym/

Saat bir (beş, sekiz...) dir.
It's one (five, eight ...) o'clock.
/its wan (fayv eyt ...) ı'klok/

Saat hemen hemen ikidir.
It's almost two o'clock.
/its 'o:lmoust tu: ı'klok/

Saat tam olarak altı.
It's exactly six o'clock.
/its ig'zektli siks ı'klok/

Saat dördü beş geçiyor.
It's five past four.
/its fayv pa:st fo:/

Saat yediye çeyrek var.
   It's a quarter to seven.
   /its ı 'kwo:tı tu 'sevın/

Saat dokuza on var.
   It's ten to nine.
   /its ten tu nayn/

Saat yarım.
   It's half past twelve.
   /its ha:f pa:st twelv/

Bu saat doğru mu?
   Is this clock right?
   /iz dis 'klok rayt/

Benim saatime göre yedi buçuk.
   It's half past seven by my watch.
   /its ha:f pa:st 'sevın bay may woç/

Film saat kaçta başlıyor?
   What time does the film start?
   /wot taym daz dı film sta:t/

Bankalar saat beş buçukta kapanır.
   The banks close at half past five.
   /dı benks klouz et 'sevın ı'klok/

Dörtle beş arası evde yokum.
I'm not at home between four and five.
/aym not et houm bi'twi:n fo: end fayv/

Yarım saate kadar (yarım saat içinde) döneceğim.
I'll be back in half an hour.
/ayl bi bek in ha:f en auı/

Çok erken (geç).
It's too early (late).
/its tu: ö:li (leyt)/

Benim saatim ileri (geri).
My watch is fast (slow).
/may woç iz fa:st (slou)/

Geçen yaz Antalya'daydık.
We were in Antalya last summer.
/wi wö: in antalya last 'samı/

Dün öğleden sonra neredeydiniz?
Where were you yesterday afternoon?
/weı wö: yu 'yestıdi 'a:ftı'nu:n/

Bu akşam sinemaya gideceğiz.
We'll go to the cinema tonight.
/wi:l gou tu dı 'sinımı tı'nayt/

Dün sabah hava çok kötüydü.
The weather was awful yesterday morning.
/dı 'wedı woz o:fıl 'yestıdi 'mo:ning/

Geçen pazar hastaydım.
I was sick last Sunday.
/ay woz sik la:st 'sandi/

Saat ... da gelebilir miyim?
Can I come at ... o'clock?
/ken ay kam et ... ı'klok/

Temmuz ayında İngiltere'ye gidiyorum.
I'm going to England in July.
/aym gouing tu inglınd in cu:'lay/

ZAMANLA İLGİLİ SÖZCÜK VE DEYİMLER

a) MEVSİMLER

ilkbahar	spring /spring/
yaz	summer /'samı/
sonbahar	autumn /'o:tım/
kış	winter /'wintı/

b) AYLAR

ocak	January /'cenyuıri/
şubat	February /'februıri/
mart	March /ma:ç/
nisan	April /eypril/
mayıs	May /mey/
haziran	June /cu:n/
temmuz	July /cu:'lay/
ağustos	August /o:gıst/
eylül	September /sep'tembı/
ekim	October /ok'toubı/
kasım	November /nou'vembı/
aralık	December /di'sembı/

c) HAFTANIN GÜNLERİ

pazar	Sunday /'sandi/
pazartesi	Monday /'mandi/
salı	Tuesday /'ti:uzdi/
çarşamba	Wednesday /'wenzdi/
perşembe	Thursday /'tö:zdi/
cuma	Friday /'fraydi/
cumartesi	Saturday /'setıdi/

d) DİĞER ZAMAN KAVRAMLARI

akşam	evening /i:vning/
an, lahza	moment /'moumınt/
doğum günü	birthday /bö:tdey/
günün tarihi	date /deyt/
yıl	year /yıı/
yüzyıl	century /'sençıri/
yıldönümü	anniversary /eni'vö:sırı/
mevsim	season /si:zın/
dakika	minute /'minit/
öğle	noon /nu:n/
öğleden sonra	afternoon /'a:ftı'nu:n/
gece	night /nayt/
yeni yıl	new year /nyu: yıı/

saniye	second /ˈsekɪnd/
saat (60 dakika)	hour /ˈauɪ/
gün	day /dey/
çeyrek saat	a quarter of an hour /ɪ ˈkwoːtɪ ov ɪn ˈauɪ/
geçmiş (zaman)	past /paːst/
öğleden sonra	p.m. /piː em/
öğleden önce	a.m. /ey em/
hafta	week /wiːk/
hafta sonu	weekend /wiːkˈend/
zaman	time /taym/
çağ, devir	age /eyc/
süre	time /taym/
gelecek	future /ˈfyuːçɪ/

e) ZAMAN BİLDİREN DEYİMLER

ara sıra	now and then /nau end den/
akşam (akşamleyin)	in the evening /in dɪ iːvning/
bu akşam	this evening /dis iːvning/
dün akşam	yesterday evening /ˈyestɪdi iːvning/
yarın akşam	tomorrow evening /tɪˈmorou iːvning/

pazar akşamı	Sunday evening /'sandi i:vning/
akşamüstü (öğleden sonra)	afternoon /'af:tı'nu:n/
ertesi gün	the following day /dı 'folouing dey/
sabahleyin	in the morning /in dı 'mo:ning/
6 nisanda	on April (the) 6th /on 'eypril dı sikst/
yakında, birazdan	soon /su:n/
az önce	just now /cast nau/
o zamana kadar	till then /til den/
bugüne kadar	up to today /ap tu tı'dey/
şimdiye kadar	up to now /ap tu nau/
yarına kadar	till tomorrow /til tı'morou/
vaktiyle, eskiden	once /wans/
daha sonra	then /den/
bütün gün	all day /o:l dey/
bütün gece	all night /o:l nayt/
günün birinde	some day /sam dey/
günde bir defa	once a day /wans ı dey/
temmuz sonunda	at the end of July /et di end ov cu:'lay/
gelecek ayın sonunda	at the end of the next month /et di: end ov dı nekst mant/
erken	early /'ö:li/
pek erken	too early /tu: 'ö:li/
erkenden	early /'ö:li/
akşama doğru	towards evening /tı'wo:dz i:vning/

öğleye doğru	towards noon /tı'wo:dz nu:n/
gece yarısına doğru	towards midnight /tı'wo:dz 'midnayt/
sekize doğru	towards eight /tı'wo:dz eyt/
dün	yesterday /'yestıdi/
dün akşam	yesterday evening /'yestıdi i:vning/
dün sabah	yesterday morning /'yestıdi 'mo:ning/
dün gece	last night /la:st nayt/
hemen, derhal	at once /et wans/
sık sık	often /ofın/
bugün	today /tı'dey/
bu sabah	this morning /dis 'mo:ning/
bugün öğleden sonra	this afternoon /dis 'a:ftı'nu:n/
... yılında	in the year ... /in dı yiı .../
gelecek ay	next month /nekst mant/
önceden	before /bi'fo:/
her zaman, daima	always /'o:lweyz/
hâlâ	still /stil/
geceleyin	at night /et nayt/
üç gün içinde	in three days /in tri: deyz/
bir hafta içinde	in a week /in ı wi:k/
bu arada	meanwhile /'mi:nwayl/
yılda, yıllık	yearly /yiıli/
her gece	every night /'evri nayt/
her hafta	every week /'evri wi:k/
her gün	every day /'evri dey/
iki günde bir, gün aşırı	every two days /'evri tu: deyz/

şimdi	now /nau/
ileride, gelecekte	in future /in 'fyu:çı/
kısa bir süre için	for a short time /fo: ı şo:t taym/
uzun zaman	a long time /ı long taym/
bazen	sometimes /'samtaymz/
çok defa	many times /meni taymz/
öğleyin	at noon /et nu:n/
eylül ortasında	in mid-September /in mid sep'tembı/
bu sırada	just then /cast den/
ayda, aylık	monthly /mantli/
yarın	tomorrow /tı'morou/
yarın sabah	tomorrow morning /tı'morou 'mo:ning/
yarın akşam	tomorrow evening /tı'morou i:vning/
pazar sabahı	Sunday morning /'sandi 'mo:ning/
sabahleyin	in the morning /in dı 'mo:ning/
dört gün sonra	in four days /in fo: deyz/
iki hafta sonra	in two weeks /in tu: wi:ks/
daha sonra	later /leytı/
gelecek hafta	next week /nekst wi:k/
geçen gün	the other day /di adı dey/
asla, hiçbir zaman	never /'nevı/
henüz, daha	yet /yet/
birdenbire, ansızın	suddenly /'sadınli/

çoktan beri	for a long time /fo: ı long taym/
o zamandan beri	since then /sins den/
seyrek	seldom /'seldım/
birazdan	in a moment /in ı 'moumınt/
az önce	just a short while ago /cast ı şo:t wayl ıgou/
pazarları	on Sundays /on 'sandiz/
geç	late /leyt/
çok geç	too late /tu: leyt/
sonra, daha sonra	later /leytı/
saatlerce	for hours /fo: 'auız/
gece gündüz	day and night /dey end nayt/
günlerce	for days /fo: deyz/
günlük	daily /'deyli/
öbür gün	the day after tomorrow /dı dey a:ftı tı'morou/
saat ... da	at ... o'clock /et ... ı'klok/
gece yarısı	midnight /'midnayt/
sabahtan akşama kadar	from morning till evening /from 'mo:ning til i:vning/
saat üçten dörde kadar	from three to four o'clock /from tri: tu fo: ı'klok/
bundan böyle	from now on /from nau on/
günden güne	day by day /dey bay dey/
önceden	beforehand /bi'fo:hend/
zaman zaman	every now and then /'evri nau end den/

bir saat önce	an hour ago /ın auı ı'gou/
bir hafta önce	a week ago /ı wi:k ı'gou/
bir ay önce	a month ago /ı mant ı'gou/
birkaç gün önce	a few days ago /ı fiu: deyz ı'gou/
iki hafta önce	two weeks ago /tu: wi:ks ı'gou/
geçenlerde	the other day /di 'adı dey/
geçen gün	the day before yesterday /dı dey bi'fo: 'yestıdi/
daha önce	formerly /'fo:mıli/
geçen hafta	last week /la:st wi:k/
geçen cumartesi	last Saturday /la:st 'setıdi/
geçen yıl	last year /la:st yiı/
şimdilik	for the moment /fo: dı 'moumınt/
haftada, haftalık	weekly /wi:kli/
her zaman için	forever /fı'revı/
önce	before /bi'fo:/
son olarak, en son	lastly /la:stli/
en önce, önce	first /fö:st/
arada bir	occasionally /ı'keyjınıli/

GENEL KONUŞMALAR

O kadar emin değilim.
I'm not so sure.
/aym not sou şuı/

Bilmiyorum.
I don't know.
/ay dount nou/

Sadece öğrenmek istemiştim.
I only wanted to learn.
/ ay ounli wontid tu a:sk/

Sanmıyorum.
I don't think so.
/ay dount tink sou/

Bunu demek istemiyorum.
I don't mean that.
/ay dount mi:n det/

Benim için hiç fark etmez.
It makes no difference for me.
/it meyks nou 'difrıns fo: mi/

Bakalım, göreceğiz.
We'll see.
/wi:l si:/

Her zaman olur böyle şeyler.
Such things always happen.
/saç tings o:lweyz hepın/

Acelem var.
I'm in a hurry.
/aym in ı hari/

Olabilir.
It's possible.
/its posibıl/

Saçma.
   Nonsense.
   /'nonsıns/

Hiç bir anlamı yok.
   It doesn't make sense.
   /it dazınt meyk sens/

Pek tabii.
   Of course.
   /ov ko:s/

Sanırım.
   I think so.
   /ay tink sou/

Eminim.
   I'm sure.
   /aym şuı/

Emin değilim.
   I'm not sure.
   /aym not şuı/

... hakkında ne düşünüyorsunuz?
   What do you think of ...?
   /wot du yu tink ov .../

Umarım.
I hope so.
/ay houp sou/

Sahi mi?
Really?
/'rııli/

Fena değil.
Not bad.
/not bed/

Sizinle tamamen hemfikirim.
I quite agree with you.
/ay kwayt ı'gri: wid yu/

Haklısınız.
You're right.
/yuı rayt/

Asla. (Hiçbir zaman.)
Never.
/'nevı/

Bol şanslar!
Good luck!
/gud lak/

Aman Tanrım!
Oh my God!
/ou may god/

Hepsi bu kadar.
That's all.
/dets o:l/

Fark etmez.
It doesn't matter.
/it dazınt metı/

Yanlışınız var.
You are mistaken.
/yu a: mis'teykın/

SORU SÖZCÜKLERİ

ne	what /wot/
nerede, nereye	where /weı/
ne zaman	when /wen/
niçin	why /way/
kim (kimler)	who /hu:/
kimin	whose /hu:z/
kime	to whom /tu hu:m/
kim ile	with whom /wit hu:m/
hangisi	which /wiç/
kaç yaşında	how old /haw ould/
nasıl	how /haw/
kaç tane	how many /haw 'meni/
kaç beden	what size /wot sayz/
ne kadar (kaç para)	how much /haw maç/
sürati ne	how fast /haw fa:st/
ne çeşit	what kind /wot kaynd/
ne kadar sık	how often /haw ofın/
ne kadar uzunlukta	how long /haw long/
ne kadar uzaklıkta	how far /haw fa:/
ne kadar süre için	for how long /fo: haw long/

Ne istiyorsunuz?
 What do you want?
 /wot du yu wont/

. Nereye gidiyorsunuz?
   Where are you going?
   /weı a: yu gouing/

Bu kimin?
   Whose is this?
   /hu:z iz dis/

Babanız nasıl?
   How is your father?
   /haw iz yo: 'fa:dı/

Doğum gününüz ne zaman?
   When is your birthday?
   /wen iz yo: 'bö:tdey/

Bu gömlek ne kadar?
   How much is this shirt?
   /haw maç iz dis şö:t/

Kaç kız kardeşiniz var?
   How many sisters have you got?
   /haw 'meni sistız hev yu got/

Niçin geciktiniz?
Why are you late?
/way a: yu leyt/

Saat kaçta geldiniz?
What time did you come?
/wot taym did yu kam/

Babanız kaç yaşında?
How old is your father?
/haw ould iz yo: 'fa:dı/

YOLCULUK

TRENLE YOLCULUK

İstasyona gitmek istiyorum.
I want to go to the station.
/ay wont tu gou tu dı 'steyşın/

Londra'ya ne zaman tren var?
What time is the train for London?
/wot taym iz dı treyn fo: 'landın/

Leeds'e bundan sonraki tren ne zaman (kalkıyor)?
When is the next train to Leeds?
/wen iz dı nekst treyn tu li:dz/

Oxford treni hangi perondan kalkıyor?
What platform does the Oxford train leave from?
/wot 'pletfo:m daz di 'oksfıd treyn li:v from/

Cardiff'ten gelecek tren hangi perona girecek?
What platform does the train from Cardiff arrive at?
/wot 'pletfo:m daz di treyn from 'ka:dif ı'rayv et/

Bristol'dan gelecek trenin rötarı var mı?
Is the train from Bristol late?
/iz dı treyn from 'bristıl leyt/

Burada ne kadar duracağız?
　How long do we stop here?
　/haw long du wi stop hiı/

Ne zaman kalkıyoruz?
　What time do we leave?
　/wot taym du wi li:v/

Daha ne kadar gideceğiz?
　How much further do we have to go?
　/haw maç 'fö:dı du wi hev tu gou/

Buradan Cambridge'e ne kadar zamanda gidilir?
　How long does it take from here to Cambridge?
　/haw long daz it teyk from hiı tu 'keymbric/

Sheffield'e bir tane ikinci mevki gidiş, lütfen.
　A second class single to Sheffield, please.
　/ı 'sekınd kla:s 'singıl tu 'şefild pli:z/

Bath'a bir gidiş dönüş bileti, lütfen.
　A return ticket to Bath, please.
　/ı ri'tö:n tikit tu ba:t pli:z/

Bu bilet ne kadar zaman için geçerlidir?
　How long is this ticket valid?
　/haw long iz dis 'tikit 'velid/

Manchester'a ikinci mevki gidiş-dönüş biletinin fiyatı nedir?
How much is a second class return ticket to Manchester?
/haw maç iz ı sekınd kla:s ri'tö:n tikit tu 'mençistı/

İkinci mevki vagonlar nerede?
Where are the second class carriages?
/weı a: dı 'sekınd kla:s 'kericiz/

Bu tren Glasgow'a gidiyor mu?
Does this train go to Glasgow?
/daz dis treyn gou tu 'gleskou/

Affedersiniz, bir kişilik boş yer var mı?
Excuse me, is there one place free?
/ik'skyu:z mi iz deı wan pleys fri:/

Bilet gişesi nerededir?
　Where is the ticket-office?
　/weı iz dı 'tikit ofis/

Önümüzdeki istasyonda inmek istiyorum.
　I want to get off at the next station.
　/ay wont tu get of et dı nekst 'steyşın/

Affedersiniz, bu yer boş mudur?
　Excuse me, is this seat free?
　/ik'skyu:z mi iz dis si:t fri:/

Hiç boş yer yok.
　There are no free places.
　/deı a: nou fri: pleysiz/

Burada bir tane var. Burada oturabilirsiniz.
　There is one here. You can sit here.
　/deı iz wan hiı yu ken sit hiı/

Affedersiniz, burası benim yerim.
　Sorry, this is my place.
　/'sori dis iz may pleys/

Saat dörtte kalkacak trene bineceğim.
　I'll take the train leaving at four.
　/ayl teyk dı treyn li:ving et fo:/

Biletler lütfen.
Tickets, please.
/'tikits pli:z/

Liverpool'a ne zaman varacağız?
What time shall we reach Liverpool?
/wot taym şel wi ri:ç 'livıpu:l/

Burası hangi istasyon?
What station is this?
/wot 'steyşın iz dis/

Affedersiniz pencereyi açabilir miyim?
Excuse me, can I open the window?
/ik'skyu:z mi ken ay 'oupın dı 'windou/

Şu pencereyi biraz açalım mı?
Shall we open this window a bit?
/şel wi 'oupın dis 'windou ı bit/

Şu pencereyi lütfen kapar mısınız?
Will you please close that window?
/wil yu pli:z klouz det 'windou/

Önümüzdeki istasyonda iniyorum.
I'm getting off at the next station.
/aym geting of et dı nekst 'steyşın/

İneceğim zaman lütfen bildirir misiniz?
  Will you please let me know when I must get off?
  /wil yu pli:z let mi nou wen ay mast get of/

Yarım saatlik bir gecikmemiz var.
  We're half an hour late.
  /wıı ha:f ın auı leyt/

Bu bavulu Plymouth trenine götürün, lütfen.
  Take this suitcase to the Plymouth train, please.
  /teyk dis 'su:tkeys tu dı 'plimıt treyn pli:z/

Bavulu lütfen alın.
  Take the suitcase, please.
  /teyk dı 'su:tkeys pli:z/

Bagajımı emanete götürünüz.
   Take my luggage to the left luggage.
   /teyk may 'lagic tu dı left 'lagic/

Bunlar benim eşyalarım değil.
   This isn't my luggage.
   /dis izınt may 'lagic/

Bir bavul eksik.
   There is a case missing.
   /deı iz ı 'su:tkeys mising/

Borcum ne kadar?
   How much do I owe?
   /haw maç du ay ou/

Paris'e bilet ücreti nedir?
   What is the fare to Paris?
   /wot iz dı feı tu 'peris/

Cereyan yapıyor.
   There is a draught.
   /deı iz ı dra:ft/

Bir şikâyette bulunmak istiyorum.
I want to make a complaint.
/ay wont tu meyk ı kım'pleynt/

Şimdi nerelerdeyiz?
Whereabouts are we now?
/'weırı'bauts a: wi nau/

Daha çok vakit var.
There's plenty of time.
/deız plenti ov taym/

Lütfen nerede ineceğimi söyleyin.
Please tell me where to get off.
/pli:z tel mi weı tu get of/

TREN YOLCULUĞU İLE İLGİLİ SÖZCÜKLER

kalkmak, hareket etmek	to leave /tu li:v/
kalkış, hareket	departure /di'pa:çı/
kompartıman	compartment /kımpa:tmınt/
varmak	to arrive /tu ırayv/
varış	arrival /ı'rayvıl/
bağlantı	connection /'kınekşın/
aktarma	change /çeync/
durma	stop /stop/
çıkış	exit /'egsit/
inmek	to get off /tu get of/
istasyon	station /'steyşın/
peron	platform /'pletfo:m/
gidiş bileti	single ticket /'singıl 'tikit/
giriş	entrance /'entrıns/
demiryolu	railway /'reylwey/
indirim, tenzilat	reduction /ri'dakşın/
tarife	time-table /'taymteybıl/
pencere yanındaki yer	window seat /'windou si:t/
bagaj	luggage /'lagic/
bagaj rafı	luggage shelf /'lagic şelf/
bagaj vagonu	van /ven/
ray	rail /reyl/
el eşyası	hand luggage /hend 'lagic/
gar	railway station /'reylwey 'steyşın/
kalorifer	heating /'hi:ting/

çocuk bileti	child's fare /çaylds feı/
kontrolör	ticket collector /'tikit kı'lektı/
lokomotif	locomotive /loukı'moutiv/
makinist	driver /drayvı/
yolcu treni	passenger train /'pesincı treyn/
gidiş, dönüş bileti	return ticket /ri'tö:n 'tikit/
biletçi	ticket collector /'tikit kı'lektı/
gişe	ticket office /'tikit 'ofis/
yataklı vagon	sleeping car /sli:ping ka:/
ekspres	express train /ik'spres treyn/
yemek vagonu	dining car /'dayning ka:/
vagon kapısı	carriage door /'keric do:/
tren	train /treyn/
vagon	carriage /'keric/
kuşetli vagon	couchette /ku:'şet/
birinci mevki	first class /fö:st kla:s/
ikinci mevki	second class /'sekınd kla:s/
yolcu	passenger /'pesincı/
rötar	delay /di'ley/
banliyö treni	suburban train /sı'bö:bın treyn/

OTOMOBİLLE YOLCULUK

Bir sonraki benzin istasyonu nerededir?
Where's the next petrol station?
/weız dı nekst 'petrıl 'steyşın/

Burada benzin istasyonu nerede bulunur?
Where is there a petrol station?
/weı iz deı ı 'petrıl 'steyşın/

Yollardan hangisi daha iyidir (kısadır)?
Which is the better (shorter) way?
/wiç iz dı betı (şo:tı) wey/

Exeter yolu iyi mi?
Is the Exeter road good?
/iz dı 'eksitı roud gud/

Dartmoor buradan ne kadar uzaklıktadır?
How far is Dartmoor from here?
/haw fa: iz 'da:tmuı from hiı/

Önümüzdeki şehre kaç kilometre var?
How many kilometres is it to the next city?
/haw meni 'kilımi:tız iz it tu dı nekst siti/

Lütfen depoyu doldurunuz.
Please fill up the tank.
/pli:z fil ap dı tenk/

10 litre normal benzin, lütfen.
10 litres of the usual petrol, please.
/ten litız ov dıyu:juıl 'petrıl pli:z/

Lütfen onu bana haritada gösteriniz.
Please show it to me on the map.
/pli:z şou it tu mi on dı mep/

20 litre süper benzin, lütfen.
Twenty litres of super gas, please.
/'twenti litız ov 'su:pı ges pli:z/

Yağı boşaltınız, lütfen.
Empty the oil, please.
/empti di oyl pli:z/

Lütfen yağı kontrol ediniz.
Please check the oil.
/pli:z çek di oyl/

Yağı değiştirir misiniz, lütfen?
Will you change the oil, please?
/wil yu çeync di oyl pli:z/

Radyatör suyunu kontrol ediniz.
Check the water in the radiator.
/çek dı 'wo:tı in dı 'reydieytı/

Bir bidon su istiyorum.
I want a can of water.
/ay wont ı ken ov wo:tı/

Ön camı yıkayınız, lütfen.
Wash the front window, please.
/woş dı front 'windou pli:z/

Lütfen arabamı yıkayınız.
Please wash my car.
/pli:z woş may ka:/

Aküyü doldurun.
Charge the battery.
/ça:c dı 'betıri/

Lütfen bu bidonu benzinle doldurun.
Please fill this can with petrol.
/pli:z fil dis ken wid 'petrıl/

Arabamı yedekte götürür müsünüz (Çeker misiniz)?
Will you tow my car?
/wil yu tou may ka:/

En yakın garaj nerededir?
Where's the nearest garage?
/weız dı nıırist 'gera:j/

Bu yakınlarda bir garaj var mı?
Is there a garage near here?
/iz deı ı 'gera:j nıı hıı/

Arabayı nereye park edebilirim?
Where can I park the car?
/weı ken ay pa:k dı ka:/

Bir gecelik garaj ücreti ne kadardır?
What is the charge for garaging the car one night?
/wot iz dı ça:c fo: 'gera:jing dı ka: wan nayt/

Arabamı garajdan almak istiyorum.
I'd like to take my car from the garage.
/ayd layk tu teyk may ka: from dı 'geraj/

Bu yakınlarda bir tamirhane var mı?
Is there a repair garage anywhere near?
/iz deı ı ri'peı 'gera:j 'eniweı nıı/

Lütfen bana bir tamirci gönderin.
Please send me a mechanic.
/pli:z send mi ı mi'kenik/

78

Araba gitmiyor.
   The car doesn't go.
   /dı ka: dazınt gou/

Ne oldu?
   What's the matter?
   /wots dı 'metı/

Oto için yedek parçanız var mı?
   Do you have auto spare pars?
   /du yu hev o:tou speı pa:ts/

Bana biraz yardım edebilir misiniz?
   Can you help me a little?
   /ken yu help mi ı 'litıl/

Otomobili tamir edebilir misiniz?
Can you repair the car?
/ken yu ri'peı dı ka:/

Kaç para ödeyeceğim?
How much must I pay?
/haw maç mast ay pey/

Tamiri ne kadar sürecek?
How long will it take to fix?
/haw long wil it teyk tu fiks/

Lütfen hesabımı (faturayı) hazırlayınız.
Prepare my bill, please.
/pri'peı may bil pli:z/

Zahmetiniz için teşekkürler.
Thank you for your trouble.
/'tenk yu fo: yo: 'trabıl/

Benzinim bitti.
I have run out of petrol.
/ay hev ran aut ov 'petrıl

Arabamın nesi var?
What's wrong with my car?
/wots rong wid may ka:/

Arabam arızalandı.
My car has broken down.
/may ka: hez 'broukın daun/

Bize yardım gönderebilir misiniz?
Could you send us help?
/kud yu send as help/

Lastiğimiz patladı.
We've got a puncture.
/wiıv got ı 'pankçı/

Beni bir doktora götürün, lütfen.
Take me to a doctor, please.
/teyk mi tu ı 'doktı pli:z/

Bir kaza geçirdim.
I had an accident.
/ay hed en 'eksidınt/

Arabam sigortalıdır.
My car is insured.
/may ka: iz in'şuıd/

Bir çarpışma oldu.
We had a collision.
/wi hed ı kı'li:jın/

Arabam ansızın durdu.
   My car stopped suddenly.
   /may ka: stopt 'sadınli/

Hızlı sürmüyordum.
   I wasn't driving fast.
   /ay wozınt 'drayving fa:st/

Özür dilerim.
   I'm sorry.
   /aym 'sori/

Ehliyetim var.
   I've got a driving licence.
   /ayv got ı 'drayving laysıns/

Önce sağa sap sonra sola.
   First turn to the right, and then to the left.
   /fö:s tö:n tu dı rayt end den tu dı left/

Uzak değil.
   It isn't far.
   /it izınt fa:/

Bu taraftadır.
   It's this way.
   /its dis wey/

OTOMOBİLLE İLGİLİ SÖZCÜKLER

aks	axle /'eksıl/
römork	trailer /'treylı/
motoru işletmek	to start /tu sta:t/
kontak düğmesi	starter /sta:tı/
diferansiyel	differential /difı'renşıl/
egzoz borusu	exhaust pipe /ig'zo:st payp/
iç lastik	inner tube /inı tyu:b/
benzin deposu	petrol tank /'petrıl tenk/
benzin tenekesi	petrol can /'petrıl ken/
fren	brake /'breyk/
fren yapmak	to brake /tu 'breyk/
fren pedalı	brake pedal /'breyk pedıl/
dizel motoru	diesel engine /di:zıl 'encin/
dinamo	dinamo /'daynımou/
kriko	jack /cek/
stepne	spare wheel /speı wi:l/
yedek parça	spare part /speı pa:t/
vites	gear /gıı/
gaz pedalı	gas pedal /ges pedıl/
debriyaj	clutch /klaç/
hız	speed /spi:d/
arka pencere	rear window /rıı 'windou/
arka tekerlek	rear wheel /rıı wi:l/
korna	horn /ho:n/
takoz	wedge /wec/
debriyaj pedalı	clutch pedal /klaç pedıl/
viraj	curve /kö:v/
hava pompası	air pump /eı pamp/
far	head lights /hed layts/

plaka	licence plate /'laysıns 'pleyt/
park yapmak	to park /tu pa:k/
park yeri	parking place /pa:king pleys/
pedal	pedal /pedıl/
tekerlek	wheel /wi:l/
lastik patlaması	puncture /'pankçı/
tamir	repair /ri'peı/
arka koltuk	back seat /bek si:t/
vites kolu	gear lever /gıı 'li:vı/
cam sileceği	wiper /'waypı/
gres yağı	grease /gri:s/
kar zinciri	snow chain /snou çeyn/
benzin istasyonu	petrol station /petrıl 'steyşın/
kaza	accident /'eksidınt/
vantilatör kayışı	fan belt /fen belt/
karbüratör	carburettor /ka:byu'reytı/
trafik kuralları	traffic rules /'trefik ru:lz/
trafik işaretleri	traffic signs /'trefik saynz/
ön tekerlek	front wheel /frant wi:l/
ön kanepe	front seat /frant si:t/
takım çantası	tool-bag /tu:l beg/
ön cam	windscreen /'windskri:n/

UÇAKLA YOLCULUK

Bugün Londra'ya (Paris'e) bir uçak var mı?
Is there a plane to London (Paris) today?
/iz deı ı pleyn tu 'landın ('peris) tı'dey/

Londra'ya bundan sonraki uçak ne zaman?
What time is the next plane to London?
/wot taym iz dı nekst pleyn tu landın/

Liverpool'a gidiş dönüş uçuşun fiyatı nedir?
How much is the return flight to Liverpool?
/haw maç iz dı ri'tö:n flayt tu 'livıpul/

Havalimanı nerededir?
Where's the airport?
/weız di 'eıpo:t/

Ne zaman havaalanında olmam gerekir?
What time do I have to be at the airport?
/wot taym du ay hev tu bi et di 'eıpo:t/

Yarın için İstanbul'a iki yer ayırtmak istiyorum.
I want to book two seats for Istanbul for tomorrow.
/ay wont tu buk tu: si:ts fo: istanbul fo: tı'morou/

Bagaj kaç kilo geliyor?
How much does the luggage weigh?
/haw maç daz dı 'lagic wey/

Bagajın kaç kilosu ücretsizdir?
How much of the luggage is free?
/haw maç ov dı 'lagic iz fri:/

Uçak zamanında gelecek mi?
Is the plane on time?
/iz dı pleyn on taym/

Uçak on dakika gecikme ile gelecek.
The plane will be ten minutes late.
/dı pleyn wil bi ten 'minits leyt/

Bana bir gazete verebilir misiniz, lütfen?
Could you give me a newspaper, please?
/kud yu giv mi ı 'nyu:speypı pli:z/

Kendimi iyi hissetmiyorum.
I don't feel well.
/ay dount fi:l wel/

Kendimi hasta hissediyorum.
I feel sick.
/ay fi:l sik/

Saat kaçta iniyoruz?
   What time shall we land?
   /wot taym şel wi lend/

Adana ile Londra arasında uçak seferleri var mı?
   Are there flights between Adana and London?
   /a: deı flayts bitwi:n adana end landın/

Yarın İstanbul'a uçacağım (uçakla gideceğim).
   I'm flying to Istanbul tomorrow.
   /aym flaying tu istanbul tı'morou/

... ya bağlantılı sefer var mı?
   Is there a connecting flight to ...?
   /iz deı ı kı'nekting flayt tu .../

Uçağın ne kadar gecikmesi (rötarı) var?
   How late is the plane?
   /haw leyt iz dı pleyn/

5 kilo fazla eşyanız var.
   You have 5 kg excess baggage.
   /yu hev fayv kilouz ik'ses 'begic/

Gümrüksüz sigara satıyor musunuz?
   Do you sell duty-free cigarettes?
   /du yu sel dyu:ti'fri: sigı'rets/

Sigara içebilir miyim?
   Can I smoke?
   /ken ay smouk/

... dağı (...nehri) üzerinde uçuyoruz.
   We are flying over ... mountain (... river).
   /wi a: 'flaying ouvı ... 'mauntin (... 'rivı)/

Kemerlerinizi çözebilirsiniz.
   You can unfasten your seat belts.
   /yu ken anfa:sın you: si:t belts/

... 'dan gelen inmiş durumdadır.
   The plane from ... has landed.
   /dı pleyn from ... hez lendid/

Şu hangi nehir?
   Which river is that?
   /wiç 'rivı iz det/

Şu dağlar ne dağları?
   What mountains are those?
   /wot 'mauntinz a: douz/

Uçak ne zaman kalkıyor?
　What time is the plane taking off?
　/wot taym iz dı pleyn teyking of/

Kemerimi çözebilir miyim?
　Can I unfasten my belt?
　/ken ay an'fasın may belt/

Kemerlerinizi bağlayın, lütfen.
　Fasten your seat-belts, please.
　/fa:sın yo: si:t belts pli:z/

... dan gelen uçak indi mi?
　Has the plane from ... landed?
　/hez dı pleyn from ... 'lendid/

Lütfen sigaralarınızı söndürünüz.
Please put out your cigarettes.
/pli:z put aut yo: sigı'rets/

Sigara içmem sizi rahatsız eder mi?
Do you mind my smoking?
/du yu maynd may 'smouking/

Uçuş sefer sayısı kaç?
What's the flight number?
/wots dı flayt 'nambı/

Uçak değiştirmem gerekir mi?
Do I have to change planes?
/du ay hev tu çeync pleynz/

Hangi yükseklikte uçuyoruz?
What altitude are we flying at?
/wot 'eltityu:d a: wi 'flaying et/

SINIRLARDA GİRİŞ - ÇIKIŞ

Pasaport kontrolu nerededir?
Where's the passport control?
/weız dı 'pa:spo:t kıntroul/

Pasaportunuz lütfen.
Your passport, please.
/yo: 'pa:spo:t pli:z/

İşte pasaportum.
Here's my passport.
/hiı iz may pa:spo:t/

Pasaportunuzun süresi gelecek ay bitiyor.
Your passport expires next month.
/yo: pa:spo:t ik'spayız nekst mant/

Yeşil sigorta kartım var.
I have the green insurance policy.
/ay hev dı gri:n in'şuırıns 'polisi/

Sınıra ne zaman varıyoruz?
When do we reach the border?
/wen du wi ri:ç dı 'bo:dı/

İyi yolculuklar.
   Have a nice journey.
   /hev ı nays cö:ni/

Gümrük muayenesi nerededir?
   Where's the customs control?
   /weız dı 'kastımz kın'troul/

Bagaj kontrolu trende mi yapılacak?
   Will they examine the luggage on the train?
   /wil dey ig'zemin dı 'lagic on dı treyn?/

Gümrüğe tâbi bir şeyiniz var mı?
   Have you got anything to declare?
   /hev yu got ' eniting tu di'kleı/

Gümrüğe tâbi bir şeyim yok.
   I have nothing to declare.
   /ay hev nating tu di'kleı/

Bavulumu açayım mı?
   Shall I open my suit?
   /şel ay 'oupın may 'su:tkeys/

Hepsi kullanılmış şeylerdir.
   They are all used things.
   /dey a: o:l yu:zd tingz/

Sadece özel eşyalarım var.
I have only my personal belongings.
/ay hev ounli may 'pö:sınıl bi'longingz/

Bu hediyedir.
This is a present.
/dis iz ı 'prezınt/

Bu bir hatıra eşyasıdır.
This is a souvenir.
/dis iz ı su:vı'nii/

İşte ehliyetim.
Here is my driving licence.
/hiı iz may 'drayving laysıns/

Kaç sigaranız var?
 How many cigarettes have you got?
 /haw meni sigı'rets hev yu got/

Bavulunuzu açın, lütfen.
 Open your suitcase, please.
 /'oupın yo: 'su:tkeyz pli:z/

Bu gümrüğe tâbi değildir.
 This is duty-free.
 /dis iz dyu:ti'fri:/

Bunun için gümrük ödeyecek miyim?
 Shall I pay duty on it?
 /şel ay pey dyu:ti on it/

Tatil (iş) için buradayım.
 I'm here on holiday (business).
 /aym hiı on holıdi ('biznis)/

Barınma, Konaklama

96

OTEL

İyi bir otel biliyor musunuz?
Do you know a good hotel?
/du yu nou ı gud hou'tel/

Bana ucuz bir otel tavsiye edebilir misiniz?
Could you recommend me a cheap hotel?
/kud yu 'rekımend mi ı çi:p hou'tel/

Fiyatlar biraz yüksek.
The prices are rather high.
/dı praysiz a: ra:dı hay/

Öğrenci yurdu nerededir?
Where is the hostel?
/weı iz dı 'houstıl/

Boş odanız var mı?
Have you got any vacant rooms?
/hev yu got eni 'veykınt rumz/

Tek yataklı bir oda istiyorum.
I want a single room.
/ay wont ı 'singıl rum/

Bir gece için çift yataklı oda istiyorum.
   I want a double room for one night.
   /ay wont ı 'dabıl rum fo: wan nayt/

Banyolu odanız var mı?
   Have you got a room with bath?
   /hev yu got ı rum wid ba:t/

Banyosuz odanız var mı?
   Have you got a room without bath?
   /hev yu got ı rum widaut ba:t/

İki yataklı, duşlu bir oda istiyoruz.
   We want a double room with shower.
   /wi wont ı dabıl rum wid wid 'şauı/

Bir oda ayırtmıştım.
   I had reserved a room.
   /ay hed ri'zö:vd ı rum/

Odayı görebilir miyim?
   Can I see the room?
   /ken ay si: dı rum/

Hayır, bu oda hoşuma gitmedi, çok karanlık.
   No, I don't like this room; it's too dark.
   /nou ay dount layk dis rum its tu: da:k/

Oda çok küçüktür.
   The room is too small.
   /dı rum iz tu: smo:l/

Lütfen bana daha ucuz bir oda gösteriniz.
   Please show me a cheaper room.
   /pli:z şou mi ı çi:pı rum/

Odanın bir günlüğü ne kadar?
   How much a day is the room?
   /haw maç ı dey iz dı rum/

Kahvaltı dahil mi?
   Is breakfast included?
   /iz 'brekfıst in'klu:dıd/

Her şey dahil mi?
   Is everything included?
   /iz 'evriting in'klu:dıd/

Eşyalarım arabada.
   My luggage is in the car.
   /may 'lagic iz in dı ka:/

Eşyalarımı odama getiriniz, lütfen.
   Bring my luggage to my room, please.
   /bring may 'lagic tu may rum pli:z/

Lütfen birkaç havlu getiriniz.
  Please bring some towels.
  /pli:z bring sım 'tauılz/

Kahvaltı istiyorum.
  I want breakfast.
  /ay wont brekfıst/

Yarın beni saat sekizde uyandırınız, lütfen.
  Wake me up at eight o'clock tomorrow, please.
  /weyk mi ap et eyt ı'klok tı'morou pli:z/

Lokantanız var mıdır?
  Have you got a restaurant?
  /hev yu got ı 'restront/

Banyo nerededir?
  Where is the bath?
  /weı iz dı ba:t/

Nereden telefon edebilirim?
  Where can I make a telephone call?
  /weı ken ay meyk ı 'telifoun ko:l/

Gelinceye dek eşyalarımı burada bırakabilir miyim?
  Can I leave my luggage here till I come back?
  /ken ay li:v may 'lagic hiı til ay kam bek/

Anahtarımı lütfen.
   My key, please.
   /may ki: pli:z/

50 numaralı odanın anahtarı, lütfen.
   The key to room number 50, please.
   /dı ki: tu rum 'nambı 'fifti pli:z/

Yarın sabah ayrılıyorum.
   I'm leaving tomorrow morning.
   /aym li:ving tı'morou 'mo:ning/

Bu akşam ayrılıyoruz.
   We are leaving this evening.
   /wi a: li:ving dis 'i:vning/

Hesabım hazır mı?
   Is my bill ready?
   /iz may bil 'redi/

Eşyalarımı lütfen aşağıya indiriniz.
   Have my luggage taken downstairs, please.
   /hev may 'lagic teykın daun'steız pli:z/

Bir taksi çağırınız, lütfen.
   Call a taxi, please.
   /ko:l ı 'teksi pli:z/

Burada yalnız bir gece kalacağım.
I'll stay here for one night only.
/ayl stey hıı fo: wan nayt 'ounli/

Tuvalet nerededir?
Where's the toilet?
/weız dı 'toylit/

Otel kaça kadar açıktır?
Till what time is the hotel open?
/til wot taym iz dı hou'tel 'oupın/

Banyo yapmak istiyorum.
I want to have a bath.
/ay wont tu hev ı ba:t/

Garajınız var mı?
Have you got a garage?
/hev yu got ı 'gera:j/

Lütfen arabamı garaja götürünüz.
Please take my car to the garage.
/pli:z teyk may ka: tu dı 'gera:j/

Kahvaltı saat kaçtadır?
What time is breakfast?
/wot taym iz 'brekfıst/

Oda anahtarımı veriniz, lütfen.
Give me my room key, please.
/giv mi may rum ki: pli:z/

Bana odayı gösterir misiniz, lütfen?
Will you show me the room, please.?
/wil yu şou mi dı rum pli:z/

Burada üç gün kalacağız.
We'll stay here for three days.
/wil stey hiı fo: tri: deyz/

Arabamı nerede bırakabilirim?
Where can I leave my car?
/weı ken ay li:v may ka:/

Asansör nerededir?
Where's the lift?
/weız dı lift/

Lütfen bana temiz bir havlu getiriniz.
Please bring me a clean towel.
/pli:z bring mi ı kli:n 'tauıl/

Beni arayan soran oldu mu?
Did anyone ask for me?
/did 'eniwan a:sk fo: mi/

Bana .... numarayı bağlar mısınız?
　Will you give me number ...?
　/wil yu giv mi 'nambı .../

Benim için bir mektup var mı?
　Is there any mail for me?
　/iz deı eni meyl fo: mi/

Biri sizi görmek istiyor.
　Someone wants to see you.
　/samwan wonts tu si: yu/

Hiç kimse gelmedi.
　Nobody has come.
　/'noubıdi hez kam/

Odamda yemeği tercih ederim.
I'd rather eat in my room.
/ayd ra:dı i:t in may rum/

Yatak çarşafımı değiştirin, lütfen.
Please change the bed-sheets.
/pli:z çeync dı bedşi:ts/

Üç kere zili çaldım; neredeydiniz?
I have rung the bell three times; where have you been?
/ay hev rang dı bel tri: taymz weı hev yu bi:n/

Bana bir gazete bulabilir misiniz?
Could you find a newspaper for me?
/kud yu faynd ı 'nyu:zpeypı fo: mi/

Bana bir battaniye ve yastık daha verebilir misiniz?
Could you give me another blanket and pillow?
/kud yu giv mi ı'nadı 'blenkit end 'pilou/

Bir arkadaş (telefon, mektup) bekliyorum.
I'm expecting a friend (a phone call, a letter).
/aym ik'spekting ı frend (ı foun ko:l, ı letı)/

PANSİYON

Boş odanız var mı?
Have you got any empty rooms?
/hev yu got eni empti rumz/

Bir oda istiyorum.
I want a room.
/ay wont ı rum/

Odayı görebilir miyim?
Can I see the room?
/ken ay si: dı rum/

Tam pansiyon veriyor musunuz?
Do you give full board?
/du yu giv ful bo:d/

Yarım pansiyon fiyatı ne kadar?
What's the rate for half board?
/wots dı reyt fo: ha:f bo:d/

Bu evin bir aylık kirası nedir?
How much a month is the rent of this house?
/haw maç ı mant iz dı rent ov dis haus/

Bu odaya param yetişmez, daha ucuzu var mı?
I can't afford this room; is there a cheaper one?
/ay ka:nt ı'fo:d dis rum iz deı ı çi:pı wan/

Kira peşin mi ödenecek?
Is the rent paid in advance?
/iz dı rent peyd in ıd'va:ns/

Size bir miktar kaparo vereyim mi?
Shall I give you some deposit?
/şel ay giv yu sam di'pozit/

Sıcak bir banyo almak istiyorum.
I want to have a hot bath.
/ay wont tu hev ı hot ba:t/

Soğuk bir duş almak istiyorum.
I want to have a cold shower.
/ay wont tu hev ı kould 'şauı/

Burada nerede çamaşır yıkanabilir?
Where can one wash clothes here?
/weı ken wan woş kloudz hiı/

Lütfen çamaşırlarımı çamaşırhaneye veriniz.
Please give my washing to the laundry.
/pli:z giv may 'woşing tu dı 'lo:ndri/

Çamaşırlarımı ne zaman geri alabilirim?
Where can I get my laundry back?
/wen ken ay get may 'lo:ndri bek/

Bu yıkanmalı ve ütülenmeli.
This must be washed and ironed.
/dis mast bi woşt end ayınd/

Gömlek iyi yıkanmamış.
The shirt wasn't washed properly.
/dı şö:t wozınt woşt 'propıli/

Bu takım elbiseyi ütületmek istiyorum.
I want to have this suit ironed.
/ay wont tu hev dis su:t ayınd/

Elbisemdeki lekeleri çıkartabilir misiniz?
Can you remove the stains from my clothes?
/ken yu ri'mu:v dı steynz from may kloudz/

Odam temizlenmişe benzemiyor.
My room doesn't seem to have been cleaned.
/may rum dazınt si:m tu hev bi:n kli:nd/

Anahtar kapatmıyor.
The key doesn't lock.
/dı ki: dazınt lok/

Musluk devamlı akıyor.
The tap keeps dripping.
/dı tep ki:ps 'driping/

Kalorifer çalışmıyor.
The heating doesn't work.
/dı 'hi:ting dazınt wö:k/

Radyatörü açabilir misiniz? (Kapayabilir misiniz)?
Can you turn on (turn off) the radiator?
/ken yu tö:n on (tö:n of) dı 'reydieytı/

Bana fazla bir sandalye verebilir misiniz?
Can you give me an extra chair?
/ken yu giv mi en 'ekstrı çeı/

Kahvaltı veriyor musunuz?
Do you serve breakfast
/du yu sö:v 'brekfıst/

Daha büyük (sessiz) bir odanız var mı?
Have you got a bigger (quieter) room?
/hev yu got ı bigı (kwaytı) rum/

Çocuklar için indirim var mı?
Is there a reduction for children?
/iz deı ı ri'dakşın fo: 'çildrın/

Ne kadar kalacaksınız?
　How long will you be staying?
　/haw long wil yu bi steying/

Burayı imzalayın, lütfen.
　Sign here, please.
　/sayn hiı pli:z/

Kahvaltı saat kaçta?
　What time is breakfast?
　/wot taym iz brekfıst/

Beni arayan oldu mu?
　Did anyone enquire for me?
　/did 'eniwan in'kwayı fı mi/

... dakika sonra geri döneceğim.
　I'll be back in ... minutes.
　ayl bi bek in ... 'minits/

Hesabı verir misiniz, lütfen?
　May I have the bill, please?
　mey ay hev dı bil pli:z/

Kredi kartı kabul ediyor musunuz?
　Do you accept credit cards?
　/du yu ık'sept 'kredit ka:dz/

ŞEHİRDE

YOL SORMA

Affedersiniz, bu civarı tanıyor musunuz?
Excuse me, do you know this district?
/ik'skyu:z mi du yu nou dis 'distrikt/

Nereye gitmek istiyorsunuz?
Where do you want to go?
/weı du yu wont tu gou/

Müzeye (tiyatroya, sinemaya, istasyona ...) en kısa yol hangisi?
Which is the shortest way to the museum (theatre, cinema, station ...)?
/wiç iz dı şo:tist wey tu dı myu:'zıım ('tııtı 'sinımı 'steyşın ...)/

... ya nasıl gidebilirim?
How can I get to ...?
/haw ken ay get tu .../

Şehrin merkezi nerededir?
Where is the city centre?
/weı iz dı siti sentı/

Bu cadde nereye gider?
Where does this street lead to?
/weı daz dis stri:t li:d tu/

113

Sağa (sola) sap.
   Turn right (left).
   /tö:n rayt (left)/

Oraya yürüyebilirsiniz.
   You can walk there.
   /yu ken wo:k deı/

Oraya yürüyebilir miyim, yoksa otobüse mi bineyim?
   Can I walk there or shall I take a bus?
   /ken ay wo:k deı o: şel ay teyk ı bas/

Tekrar sorun.
   Ask again.
   /a:sk ı'geyn/

Hangi yönde gitmeliyim?
   Which direction do I have to go?
   /wiç di'rekşın du ay hev tu gou/

Yürümek zorunda mıyım?
   Do I have to walk?
   /du ay hev tu wo:k/

Uzak mıdır?
   Is it far?
   /iz it fa:/

Yürüyerek ne kadar sürer?
How long does it take on foot?
/ha long daz it teyk on fut/

İstasyona ne kadar yol var?
How far is the station?
/haw fa: iz dı 'steyşın/

Yolumu kaybettim.
I've lost my way.
/ayv lost may wey/

Hep dosdoğru mu gideceğim?
Shall I go straight on all the way?
/şel ay gou streyt on o:l dı wey/

İlk caddeden sağa sap.
Turn right at the first street.
/tö:n rayt et dı fö:st stri:t/

Kavşaktan sola git.
Go left at the crossroads.
/gou left et dı 'krosroudz/

Otobüse bineceğim.
I'll take a bus.
/ayl teyk ı bas/

115

Ben de buranın yabancısıyım.
I'm a stranger here myself.
/aym ı 'streyncı hiı may'self/

116

DOLAŞMA, GEZME

Buranın ilginç yerleri nelerdir?
What are the places of interest here?
/wot a: dı pleysiz ov 'intrist hiı/

Beni .... kilisesine götürünüz.
Take me to the ... church.
/teyk mi tu dı ... çö:ç/

Yayan gitmek daha iyi olur.
It's better to go on foot.
/its 'betı to gou on fut/

Bu heykel kimin eseri?
Who is this statue by?
/hu: iz dis 'steçu: bay/

Şehir turu yapabilir miyim?
Can I make a sight-seeing tour?
/ken ay meyk ı 'saytsi:ing tu:ı/

Lütfen bana .... yı gösteriniz.
Please show me ...
/pli:z şou mi .../

Bu bina ne binasıdır?
What building is this?
/wot 'bilding iz dis/

Çok hızlı (yavaş) yürüyorsunuz.
You walk too fast (slow).
/yu wo:k tu: fa:st (slou)/

(Çok) yoruldum.
I feel (very) tired.
/ay fi:l ('veri) tayıd/

Şu levhada ne yazılı?
What's on that sign board?
/wots on det sayn bo:d/

Siz de gelir misiniz?
Will you come, too?
/wil yu kam tu:/

Müzeye gidiyorum.
I'm going to the museum.
/aym gouing tu dı myu:'ziım/

Uzun süredir buradayım.
I've been here a long time.
/ayv bi:n hiı ı long taym/

Burası hoşuma gidiyor.
I like it here.
/ay layk it hiı/

Müzeyi ziyaret etmek istiyoruz.
We would like to visit the museum.
/wi wud layk tu vizit dı myu:'ziım/

Deniz Müzesine en kolay yol hangisidir?
Which is the easiest way to the Naval Museum?
/wiç iz dı i:zi:st wey tu dı 'neyvıl myu:'ziım/

Müze haftanın hangi günleri açıktır?
What days of the week is the museum open?
/wot deyz ov dı wi:k iz dı myu:'ziım 'oupın/

Bir kişi için kaç paradır?
How much is it for one person?
/haw maç iz it fo: wan pö:sın/

Resim çekebilir miyim?
Can I take pictures?
/ken ay teyk 'pikçız/

Müze pazar günleri açık mıdır?
Is the museum open on Sundays?
/iz dı myu:'ziım 'oupın on 'sandiz/

Giriş ne kadardır?
How much is the entrance?
/haw maç iz dı 'entrıns/

Giriş nerededir?
Where's the entrance?
/weız di 'entrıns/

Ne zaman kapanır?
What time does it close?
/wot taym daz it klouz/

Bu orijinal mi yoksa bir kopya mı?
Is this an original or a copy?
/iz dis ın ı'ricınıl o: ı 'kopi/

Bu resim kimin? (Kimin eseri)?
Who is this painting by?
/hu: iz dis 'peynting bay/

Türkçe bilen bir rehber var mı?
Is there a guide who speaks Turkish?
/iz deı ı gayd hu: spi:ks 'tö:kiş/

Bu resim hangi yüzyılda yapılmış?
What century is this painting?
/wot 'sençırı iz dis 'peynting/

... 'in ünlü tablosu nerede?
Where's the famous painting by ...?
/weız dı 'feymıs 'peynting bay .../

Resim sergisini ne zaman gezebiliriz?
When can we go around the picture gallery?
/wen ken wi gou ı'raund dı 'pikçı 'gelıri/

Sergi ne zamana kadar açıktır?
Till when is the exhibition open?
/til wen iz dı eksi'bişın 'oupın/

Bir kataloğunuz var mı?
Have you got a catalogue?
/hev yu got ı 'ketılog/

121

Bu kuleye çıkabilir miyiz?
   Can we go up this tower?
   /ken wi gou ap dis 'tauı/

Bu şehrin en büyük kilisesi midir?
   Is this the biggest church in town?
   /iz dis dı bigist çö:ç in taun/

Bütün gün açık mıdır?
   Is it open all day?
   /iz it 'oupın o:l dey/

İbadet ne zaman?
   What time is the service?
   /wot taym iz dı 'sö:vis/

Müsaadenizle size burada veda edeyim.
If you'll excuse me, I'll say good-bye to you here.
/if yu:ıl ik'skyu:z mi ayıl sey 'gudbay tu yu hiı/

Rehberi izleyiniz.
Follow the guide.
/'folou dı gayd/

İki sokak gidin ve sola sapın.
Go past two streets and turn left.
/gou pa:st tu: stri:ts end tö:n left/

Şu bina ne zaman inşa edildi?
When was that building built?
/wen woz det 'bilding bilt/

SÖZCÜKLER

adliye	court /ko:t/
alışveriş merkezi	shopping centre /'şoping sentı/
altgeçit	underpass /'andıpa:s/
ana cadde	main street /meyn stri:t/
anıt	monument /'monyu:mınt/
	memorial /mi'mo:rııl/
bakanlık	ministry /'ministri/
banka	bank /benk/
bar	bar /ba:/
belediye binası	town hall /taun ho:l/
benzin istasyonu	petrol station /petrıl 'steyşın/
berber	barber /ba:bı/
birahane	pub /pab/
borsa	stock exchange /stok iks'çeync/
bulvar	avenue /'evınyu:/
büfe	buffet /bufey/
büyük mağaza	department store /di'pa:tmınt sto:/
cadde	street /stri:t/
cami	mosque /mosk/
danışma bürosu	information office /infı'meyşın ofis/
demiryolu geçidi	train crossing /'treyn krosing/
dolmuş durağı	shared taxi-stop /'şeıd teksi stop/
eczane	chemist's /'kemists/
	pharmacy /'fa:mısi/
elçilik	embassy /'embısi/
elektrik santralı	power station /'pauı'steyşın/

fabrika	factory /ˈfektıri/
fırın	bakery /ˈbeykıri/
fuar	fair /feı/
garaj	garage /ˈgera:j/
gece kulübü	night club /nayt klab/
geçit	crossing /ˈkrosing/
giyim mağazası	clothes store /ˈkloudz sto:/
gökdelen	skyscraper /ˈskayskreypı/
gözlükçü	optician /opˈtişın/
güzellik salonu	beauty parlour /ˈbyu:ti pa:lı/
hamam	turkish bath /ˈtö:kiş ba:t/
hapishane	prison /ˈprizın/
hastane	hospital /ˈhospitıl/
hava limanı	airport /ˈeıpo:t/
hayvanat bahçesi	zoo /zu:/
itfaiye	fire brigade /ˈfayıbriˈgeyd/
kafeterya	cafeteria, cafe /kefıˈtiırıı, ˈkefey/
kahvehane	coffee house /ˈkofi haus/
kaldırım	pavement /ˈpeyvmınt/
kapalı çarşı	covered market /ˈkavıd ˈma:kit/
karakol	police station /pıˈli:s ˈsteyşın/
katedral	cathedral /kıˈti:drıl/
kavşak	crossing /ˈkrosing/
kışla	barracks /ˈberıks/
kilise	church /çö:ç/
kitabevi	bookstore /ˈbuksto:/
konser salonu	concert hall /ˈkonsıt ho:l/
konsolosluk	consulate /ˈkonsyulıt/
köprü	bridge /bric/
kuaför	hairdresser's /ˈheıdresız/

125

kumarhane	casino /'kısi:nou/
kuru temizlemeci	dry cleaner's /dray 'kli:nız/
kültür merkezi	cultural centre /'kalçırıl sentı/
kütüphane	library /'laybrıri/
lokanta	restaurant /'restront/
lunapark	funfair /'fanfeı/
manav	greengrocer's /'gri:ngrousız/
metro	underground /'andıgraund/ tube /tyu:b/
meydan (alan)	square /'skweı/
mezarlık	cemetery /'semıtri/
milli park	national park /'neşınl pa:k/
motel	motel /mou'tel/
müze	museum /myu:'zıım/
okul	school /sku:l/
otaban, otoyol	highway, motorway /'haywey, 'moutıwey/
otel	hotel /hou'tel/
oto pazarı	car market /ka: 'ma:kit/
otobüs terminali	bus terminal /bas 'tö:minıl/
otopark	car park /ka:pa:k/
paralı yol	toll road /'toul roud/
park	park /pa:k/
pastane	pastry shop /'peystrişop/
plaj	beach /bi:ç/
postane	post-office /poust 'ofis/
radyo istasyonu	radio station /reydiou 'steyşın/
resmi daire	government office /'gavımınt 'ofis/
sanat galerisi	art gallery /a:t 'gelıri/
saray	palace /'pelıs/

sauna	sauna /'saunı/
sergi	exhibition /eksi'bişın/
sinagog	synagogue /'sinıgog/
sinema	cinema /'sinımı/
sit alanı	protected area /prı'tektid 'eırıı/
sokak	road /roud/
spor kulübü	sports club /'spo:ts klab/
stadyum	stadium /'steydiım/
taksi durağı	taxi stop /'teksi stop/
televizyon istasyonu	tv station /ti:vi: 'steyşın/
trafik ışıkları	traffic lights /'trefik layts/
tren istasyonu	train station /treyn 'steyşın/
tünel	tunnel /'tanıl/
üniversite	university /yu:ni'vö:siti/
üstgeçit	overpass /'ouvıpa:s/
valilik	governor's office /'gavınız 'ofis/
vapur iskelesi	boat station /bout 'steyşın/
viraj	curve, bend /kö:v, bend/
yaya kaldırımı	pavement /'peyvmınt/
yol	road /roud/
yüzme havuzu	swimming pool /'swiming pu:l/

TAŞIT ARACI

İstasyona hangi otobüs gider?
Which bus goes to the station?
/wiç bas gouz tu dı 'steyşın/

... ya bir otobüs var mı?
Is there a bus to ...?
/iz deı ı bas tu .../

... numaralı otobüs buradan geçer mi?
Does number ... bus pass here?
/daz 'nambı ... bas pa:s hiı/

Otobüs durağı nerededir?
Where's the bus stop?
/weız dı bas stop/

... ya giden otobüs nerede durur?
Where does the bus to ... stop?
/weı daz dı bas tu ... stop/

Metro ile gideceğim.
I'll go by underground.
/ayl gou bay 'andıgraund/

... ya bir gidiş bileti, lütfen.
　A single ticket to ..., please.
　/ı 'singıl 'tikit tu ... pliz/

... ya bir gidiş dönüş bileti, lütfen.
　A return ticket to ..., please.
　/ı ri'tö:n 'tikit tu ... pli:z/

... istasyonuna gitmek istiyorum.
　I want to go to ... station.
　/ay wont tu gou tu ...'steyşın/

Oraya gidince lütfen bana bildiriniz.
　Please let me know when we get there.
　/pli:z let mi nou wen wi get deı/

Bundan sonraki otobüs ne zaman hareket eder?
　When does the next bus leave?
　/wen daz dı nekst bas li:v/

Nerede inmeliyim?
　Where do I have to get off?
　/weı du ay hev tu get of/

Hey! Taksi!
　Hi! Taxi!
　/hay 'teksi/

Boş musunuz? (Serbest misiniz)?
Are you free?
/a: yu fri:/

Havalimanına en kısa yol hangisidir?
What's the shortest way to the airport?
/wots dı şo:tist wey tu di 'eıpo:t/

İstasyona lütfen.
To the station, please.
/tu dı 'steyşın pli:z

Daha hızlı sürünüz, lütfen.
Drive faster, please.
/drayv fa:stı pli:z/

Hızlı sürünüz.
Drive fast.
/drayv fa:st/

Bu kadar hızlı sürmeyiniz.
Don't drive so fast.
/dount drayv sou fa:st/

Acelem var.
I'm in a hurry.
/aym in ı 'hari/

Daha gelmedik mi?
Haven't we arrived yet?
/hevınt wi ı'rayvd yet/

Burada durun, lütfen.
Stop here, please.
/stop hiı pli:z/

Lütfen burada bir dakika durur musunuz?
Will you stop here a minute, please.
/wil yu stop hiı ı 'minit pli:z/

131

SİNEMA, TİYATRO, KONSER

Bu akşam ne yapıyoruz?
   What are you doing this evening?
   /wot a: wi duing dis i:vning/

Bu akşam için bir planınız var mı?
   Have you got any plans for this evening?
   /hev yu got eni plenz fo: dis i:vning/

Bu akşam tiyatroya gidelim mi?
   Shall we go to the theatre this evening?
   /şel wi gou tu dı tııtı dis i:vning/

Bu akşam konsere gidelim.
   Let's go to the concert this evening.
   /lets gou tu dı konsıt dis i:vning/

Sinemaya mı yoksa tiyatroya mı gitmeyi tercih edersiniz?
   Would you rather go to the theatre or the cinema?
   /wud yu ra:dı gou tu dı   tııtı o: dı 'sinımı/

Bu yakınlarda bir sinema var mı?
   Is there a cinema near here?
   /iz deı ı 'sinımı niı hiı/

Bu akşam ... tiyatrosunda ne oynuyor?
What's on at the ... theatre tonight?
/wots on et dı ... tiıtı tı'nayt/

Temsil ne zaman başlıyor?
What time is the show on?
/wot taym iz dı şou on/

Konser bu akşam saat kaçta başlıyor?
What time does the concert start tonight?
/wot taym daz dı 'konsıt sta:t tı'nayt/

Biletleri nereden alabiliriz?
Where can we get the tickets?
/weı ken wi get dı 'tikits/

Bu akşam için bilet var mı?
Are there any tickets left for tonight?
/a: deı eni 'tikits left fo: tı'nayt/

Yarın için telefonla iki yer ayırtabilir miyim?
Can I reserve two seats by phone for tomorrow?
/ken ay ri'zö:v tu: si:ts bay foun fo: tı'morou/

Tüm biletler satılmıştır.
All tickets are sold out.
/o:l 'tikits a: sould aut/

Ortalardan bir yer istiyorum.
    I want a seat somewhere in the middle.
    /ay wont ı si:t sam'weı in dı midıl/

En ucuz yerler hangileridir?
    Which are the cheapest seats?
    /wiç a: dı çi:pest si:ts/

İlk sıradan iki koltuk lütfen.
    Two seats in the first row, please.
    /tu: si:ts in dı fö:st rou pli:z/

Hiç yer kalmadı.
    There are no seats left.
    /deı a: nou si:ts lefti/

Yerler numaralı mıdır?
    Are the seats numbered?
    /a: dı si:ts nambıd/

Şapka ve pardesüleri vestiyere bırakalım.
    Let's leave the hats and overcoats in di cloakroom.
    /lets li:v dı hets end 'ouvıkouts in dı kloukrum/

Bir yerin fiyatı ne kadar?
    What's the price of one seat?
    /wots dı prayz ov wan si:t/

Çabuk ol! Temsil başlamak üzere.
Hurry up! The play is going to begin.
/'hari ap dı pley iz cast going tu bigin/

Perde arası ne kadar sürer?
How long is the interval?
/haw long iz dı 'intıvıl/

Film ne kadar sürüyor?
How long does the film last?
/haw long daz dı film last/

Bir program, lütfen.
A programme, please.
/ı 'prougrem pli:z/

Bu biletleri iade etmek istiyorum.
I want to return these tickets.
/ay wont tu ri'tö:n di:z 'tikits/

Hangi film oynuyor?
What film is on?
/wot film iz on/

SÖZCÜKLER

piyano	piano /pi'enou/
alkış	applause /ı'plo:z/
ara (antrakt)	interval /'intıvıl/
bale	ballet /'beley/
başrol	leading part /'li:ding roul/
besteci	composer /kım'pouzı/
bilet	ticket /'tikit/
dans	dance /da:ns/
dram	drama /'dra:mı/
gişe	box office /boks 'ofis/
gösteri	performance /pı'fo:mıns/
koltuk(lar)	stalls /sto:lz/
komedi	comedy /'komıdi/
konser	concert /'konsıt/
koro	choir /'kwayı/
melodi	melody /'melıdi/
mikrofon	microphone /'maykrıfoun/
müzik	music /'myu:zik/
müzikal	musical /'myu:zikıl/
müzisyen	musician /'myu:zişın/
nota	note /nout/
opera	opera /'opırı/
orkestra	orchestra /'o:kistrı/
orkestra şefi	conductor /kın'daktı/
program	programme /'prougrem/
rol	part, role /pa:t, roul/
sahne	stage /steyc/
seyirci	audience /'o:dyıns/
sıra	row /rou/
şarkı	song /song/
şarkıcı	şarkıcı /'singı/
aktör	actor /'ektı/
aktrist	actress /'ektris/

dekor	set, scenery /set, 'si:nıri/
film	film /film/
film yıldızı	film star /film sta:/
gala gecesi	opening night /'oupıning nayt/
güldürü	comedy /'komıdi/
makyaj	make up /meyk ap/
oynayanlar	cast /ka:st/
oyun	play /pley/
perde	curtain /'kö:tn/
program	programme /'prougrem/
prova	rehearsal /ri'hö:sıl/
rol	part, role /pa:t, roul/
sahne	stage /steyc/
seyirci	audience /'o:dyıns/
sıra	row /rou/
sinema	cinema /'sinımı/
temsil	performance /pı'fo:mıns/
tiyatro	theatre /'tiıtı/
vestiyer	cloakroom /'kloukrum/
yönetmen	director /di'rektı/

POSTANEDE

Postane nerededir?
  Where's is the post-office?
  /weız dı poust 'ofis/

Lütfen ... numarayı bağlar mısınız?
  Will you give me number ... please? /wil yu giv mi
  'nambı ... pli:z/

Postane ne zaman açıktır?
  When is the post-office open?
  /wen iz dı poust 'ofis oupın/

İkişer peni'lik üç pul, lütfen.
  Three, two penny stamps, please.
  /**tri** tu: peni stemps pli:z/

Bu paketi göndermek istiyorum.
  I want to send thnis parcel.
  /aly wont tu send dis 'pa:sıl/

Bana telefon rehberini verir misiniz?
  Will you give me the telephone directory?
  /wil yu giv mi **dı** 'telifoun di'rektıri/

Alo, kiminle görüşüyorum?
  Hello, who is it, please.
  /helou hu: iz it pli:z/

SÖZCÜKLER

adres	address /'ıdres/
alıcı	receiver /risi:vı/
faks	fax /feks/
gönderen	sender /sendı/
havale	money order /'mani o:dı/
kargo	cargo /'ka:gou/
mektup	letter /'letı/
meşgul sinyali	busy signal /bizi signıl/
ödemeli görüşme	collect call /kılekt ko:l/
paket	parcel /'pa:sıl/
posta	post, mail /poust, meyl/
posta kodu	area code /eırinkoud/
postane	post-office /poust ofis/
postacı	postman, mailman /'poustmın, 'meylmın/
santral memuru	telephone operator /'telifoun oupıreytı/
taahhütlü	registered /'recistıd/
telefon	telephone /'telifoun/
telefon jetonu	telephone token /'telifoun toukın/
telefon rehberi	telephone directory /'telifoun di'rektıri/
teleks	telex /'teleks/
telgraf	telegram /'teligrem/
uçakla	by air mail /bay eımeyl/
yurt içi görüşme	domestic call /dı'mestik ko:l/
zarf	envelope /'enviloup/

POLİSTE

Polis karakolu nerededir?
Where's the police station?
/weız dı pı'li:s 'steyşın/

Pasaport dairesi nerededir?
Where's the passport office?
/weız dı 'pa:spo:t 'ofis/

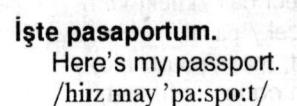

İşte pasaportum.
Here's my passport.
/hiız may 'pa:spo:t/

Türkiye'den geliyorum.
I'm coming from Turkey.
/aym kaming from 'tö:ki/

Ben yabancı işçiyim.
I'm a foreign worker.
/aym ı 'forin wö:kı/

Ben turistim.
I'm a tourist.
/aym ı tu:ı'rist/

Siz Bay .... misiniz?
Are you Mr. ...?
/a: yu 'mistı .../

Adım .... dır.
My name's ...
/may neymz .../

Mesleğiniz nedir?
What's your occupation?
/wots yo: okyu'peyşın/

Ne kadar kalmak niyetindesiniz?
How long do you intend to stay?
/haw long du yu intend tu stey/

Vizem burada.
Here's my visa.
/hiız may 'vi:zı/

Burada iki (üç, dört ....) ay kalacağım.
I'll stay here for two (three, four ...) months.
/ayl stey hiı fo: tu: (tri: fo: ...) mants/

Oturma iznimi uzatmak istiyorum.
I want to extend my residence permit.
/ay wont tu ik'stend may rezidıns pö:mit/

Pasaportumu geri alabilir miyim?
    Can I get my passport back?
    /ken ay get may 'pa:spo:t bek/

Benim ....ım çalındı.
    My ... was stolen.
    /may ... woz stoulın/

Bu adam para cüzdanımı çalmak istedi.
    This man tried to steal my wallet.
    /dis men trayd tu sti:l may 'wolit/

Bu adam bana küfretti.
    This man has sworn at me.
    /dis men hez swo:n et mi/

Bir şikâyetim var.
   I have a complaint.
   /ay hev ı kım'pleynt/

Ben suçsuzum.
   I'm innocent.
   /aym 'inısınt/

Onu ben yapmadım.
   I didn't do that.
   /ay didınt du det/

Olayla (onunla) ilgim yok.
   I have nothing to do to do with it (the affair).
   /ay hev 'nating tu du: wit it (di ı'feı)/

... Elçiliğini aramak istiyorum.
   I want to call the ... Embassy.
   /ay wont tu ko:l dı ... embısi/

Bir tercüman istiyorum.
   I want an interpreter.
   /ay wont ın intö:'pritı/

Yardımınıza ihtiyacım var.
   I need your help.
   /ay ni:d yo: help/

BANKADA

Buralarda nerede banka var?
Where is there a bank around here?
/weız deı ı benk ı'raund hiı/

Banka ne zaman açıktır (kapalıdır)?
When is the bank open (closed)?
/wen iz dı benk 'oupın (klouzd)/

Para değiştirmek istiyorum.
I want to change money.
/ay wont tu çeync mani/

Kur (para değiştirme değeri) ne kadar?
What's the exchange rate?
/wots di iks'çeync reyt/

Bana ... TL'sına karşılık paund verebilir misiniz?
Can you give me pounds for ... liras?
/ken yu giv mi paunds fo: ... li:raz/

...TL'sına karşılık kaç paund alabilirim?
How many pounds do I get for ... liras?
/haw meni paundz du ay get fo: ... li:raz/

Bu çeki paraya çevirmek istiyorum.
I want to cash this cheque.
/ay wont tu keş dis çek/

Bir hesap açtırmak istiyorum.
I want to open an account.
/ay wont tu 'oupın ın ı'kaunt/

Bir miktar para yatırmak istiyorum.
I want to deposit some money.
/ay wont tu di'pozit sam mani/

Bir miktar para çekmek istiyorum.
I want to draw some money.
/ay wont tu dro: sam mani/

20 paund çekmek istiyorum.
I want to draw 20 pounds.
/ay wont tu dro: 'twenti paundz/

50 paund yatırmak istiyorum.
I want to deposit 50 pounds.
/ay wont tu di'pozit 'fifti paundz/

Para göndermek istiyorum.
I want to send money.
/ay wont tu send mani/

Türkiye'ye 60 pound göndermek istiyorum.
　I want to send 60 pounds to Turkey.
　/ay wont tu send 'siksti paundz tu 'tö:ki/

Benim için para geldi mi?
　Has any money come for me?
　/hez eni mani kam fo: mi/

Burada hangi bankaların şubeleri var?
　What banks have branches here?
　/wot benks hev bra:nçiz hiı/

Matbu bir form doldurmam gerekiyor mu?
　Must I fill a printed form?
　/mast ay fil ı printid fo:m/

Bana bir makbuz veriniz, lütfen.
　Give me a receipt, please.
　/giv mi ı ri'si:t pli:z/

Ne kadar faiz veriyorsunuz?
　How much interest do you give?
　/haw maç 'intrist du yu giv/

Bu çeki nerede bozdurabilirim?
　Where can I cash this cheque?
　/weı ken ay keş dis çek/

SÖZCÜKLER

alıcı	receiver /ri'si:vı/
banka	bank /benk/
banka hesabı	bank account /benk ı'kaunt/
bozuk para	change /çeync/
çek	cheque /çek/
değer	value /'velyu/
dolar	dollar /dolı/
döviz	exchange /iks'çeync/
faiz	interest /'intrist/
göndermek	to send /tu send/
havale	money order /mani 'o:dı/
havale etmek	to transfer /tu' trensfö:/
imza	signature /'signıçı/
kambiyo	exchange /iks'çeync/
kâğıt para	bill /bil/
makbuz, alıntı	receipt /ri'si:t/
mark	mark /ma:k/
miktar	amount /ı'maunt/
ödeme	payment /peymınt/
ödemek	to pay /tu pey/
para	money /mani/
paund, İngiliz lirası	pound /paund/
peşin ödeme, nakit	cash /keş/
peşin para	cash money /keş mani/
rayiç, kur	rate /reyt/
yatırmak	to deposit /tu di'pozit/

LOKANTADA

İyi bir lokanta biliyor musunuz?
  Do you know a good restaurant?
  /du yu nou ı gud 'restıron/

Buraya yakın bir lokanta var mıdır?
  Is there a restaurant near here?
  /iz deı ı 'restıron nıı hıı/

Bu pahalı bir lokanta mıdır?
  Is this an expensive restaurant?
  /iz dis ın ik'spensiv 'restıron/

Garson!
  Waiter!
  /'weytı/

Buraya kim bakıyor?
  Who's serving here?
  /hu:z sö:ving hiı/

Pencere kenarında bir masa rica ediyorum.
  I'd like a table near the window.
  /ayd layk ı 'teybıl niı dı 'windou/

Affedersiniz, bu masa boş mudur?
  Excuse me, is this table free?
  /ik'skyu:z mi iz dis 'teybıl fri:/

Üç kişilik bir masa istiyorum, lütfen.
  I want a table for three, please.
  /ay wont ı 'teybıl fo: tri: pli:z/

Ne tavsiye edersiniz?
  What would you recommend?
  /wot wayn wud yu rekı'mend/

Hangi şarabı tavsiye edersiniz?
  What wine do you recommend?
  /wot wud yu rekı'mend/

Lütfen bize bunu getiriniz.
Bring us this, please.
/bring as dis pli:z/

Yemek listesi, lütfen.
The menu, please.
/dı 'menyu: pli:z/

Patates tava istiyorum.
I want french fries.
/ay wont frenç frayz/

Bize iki şişe de bira getiriniz.
Bring us two bottles of beer, too.
/bring as tu: botılz ov bıı tu:/

Biraz daha ekmek, lütfen.
Some more bread, please.
/sım mo: bred pli:z/

Lütfen bana başka bir çatal getiriniz.
Please bring me another fork.
/pli:z bring mi ı'nadı fo:k/

Ne içmek isterdiniz?
What would you like to drink?
/wot wud yu lay tu drink/

Et yemeklerinizden neler var?
What meat dishes have you?
/wot mi:t dişiz hev yu/

Bana önce bir şehriye çorbası getiriniz.
Bring me some noodle soup, first.
/bring mi sam nu:dıl su:p fö:st/

Soğuk bir şey istiyorum.
I want something cold.
/ay wont sam'ting kould/

Bize karışık ızgara getirin.
Bring us mixed grill.
/bring as mikst gril/

Kuzu pirzolası ve yeşil salata istiyorum.
I'd like lamb chops and green salad.
/ayd layk lem çops ınd gri:n 'selıd/

Benim siparişim nerede? (Neden gecikti)?
Where's my order?
/weız may o:dı/

İki fincan kahve, lütfen.
Two cups of coffee, please.
/tu kaps ov 'kofi pli:z/

İçecek bir şeyler istiyorum.
I want something to drink.
/ay wont sam'ting tu drink/

Lütfen bana biraz tuz getiriniz.
Please get me some salt.
/pli:z get mi sam so:lt/

Şarap alır mıydınız?
Would you like some wine?
/wud yu layk sım wayn/

Bu yemeğin adı ne?
What's this dish called?
/wots dis diş ko:ld/

Biraz daha ... alır mıydınız?
Would you like some more ...?
/wud yu layk sım mo: .../

Hayır, teşekkür ederim. Yeterince aldım.
No, thank you. I've had enough.
/nou tenk yu ayv hed inaf/

... yu uzatabilir misiniz, lütfen?
Would you pass the ..., please?
/wud yu pa:s dı ... pli:z/

Sıhhatinize! (Kadeh kaldırırken)
   To your health!
   /tu yo: helt/

Şerefe!
   Cheers!
   /çiız/

Buyrun. (Yemeğe başlarken)
   Help yourself.
   /help yo:self/

Başka bir emriniz var mıydı?
   Would you like anything else?
   /wud yu layk eni'ting els/

Kahvenizi nasıl alırdınız?
How would you like your coffee?
/haw wud yu layk yo: kofi/

Garson! Hesap, lütfen.
Waiter! The bill, please.
/weytı dı bil pli:z/

Hepsini birlikte hesaplayın.
Put it all in one bill.
/put it o:l in wan bil/

Hesapları ayrı yapın, lütfen.
Separate bills, please.
/'sepırit bilz pli:z/

Sanırım hesap yanlış.
I think the bill is wrong.
/ay tink dı bil iz 'rong/

Ellerimi nerede yıkayabilirim?
Where can I wash my hands?
/weı ken ay woş may hendz/

Üstü kalsın. (Bahşiş olarak).
Keep the change.
/ki:p dı çeync/

YEMEK LİSTESİ

ÇORBALAR

çorba	soup /su:p/
domates çorbası	tomato soup /tı'ma:tou su:p/
işkembe çorbası	tripe soup /'trayp su:p/
mantar çorbası	mushroom soup /'maşrum su:p/
mercimek çorbası	lentil soup /'lentıl su:p/
pirinç çorbası	rice soup /rays su:p/
sebze çorbası	vegetable soup /'vectıbıl su:p/
tavuk çorbası	chicken soup /'çikın su:p/
yayla çorbası	highland soup /'haylend su:p/

SALATALAR

salata sosu	salad dressing /'selıd dresing/
yeşil salata	green salad /'gri:n 'selıd/
çoban salata	shepherd's salad /'şepıdz 'selıd/
Rus salatası	Russian salad /'raşın 'selıd/
beyin salatası	brain salad /'breyn 'selıd/
domates salatası	tomato salad /tı'ma:tou 'selıd/
patates salatası	potato salad /pı'teytou 'selıd/
havuç salatası	carrot salad /'kerıt 'selıd/

MEZELER

meze(ler)	hors d'ouvre(s) /o:'dö:v(z)/
kaşar peynir	cheese /çi:z/
beyaz peynir	white cheese /wayt çi:z/

zeytin	olives /'olivz/
salam	salami /sı'la:mi/
sucuk	Turkish salami /'tö:kiş sı'la:mi/
pastırma	pastrami /'pıstra:mi/
sosis	hot dog, sausage /hot dog, 'sosic/
patates tava	french fries /frenç frayz/
midye tava	fried mussels /frayd 'masılz/
midye dolma	stuffed mussels /staft 'masılz/
ciğer	liver /'livı/
turşu	pickles /'pikılz/
yoğurt	yoghurt /'yogıt/
barbunya pilaki	red bean salad /red bi:n 'selıd/
fasulye pilaki	bean salad /bi:n 'selıd/

ETLİLER

bonfile	fillet of beef /'filit ov bi:f/
kuzu pirzola	lamb chops /lem çops/
dana pirzola	veal cutlets /'vi:l 'katlıts/
karışık ızgara	mixed grill /mikst gril/
biftek	steak /steyk/
kuzu çevirme	roastlamb /'roustlem/
ızgara köfte	grilled meatballs /'grild 'mi:tbolz/
piliç kızartma	roast chicken /'roust 'çikin/

HAMUR İŞLERİ

börek	Turkish pastry /'tö:kiş 'peystri/
spagetti	spaghetti /spı'geti/
makarna	macaroni /mekı'rouni/
pilav	rice pilaff /rays pilef/
bulgur pilavı	cracked rice pilaf /krekd rays pilef/

SEBZELER

bakla	broad beans /broud bi:nz/
bezelye	peas /pi:z/
biber	pepper /pepı/
enginar	artichoke /'a:tiçouk/
fasulye	beans /bi:nz/
ıspanak	spinach /spinic/
karnabahar	cauliflower /'koliflauı/
lahana	cabbage /'kebic/
patates	potato /'pıteytou/
patlıcan	eggplant /'egplent/
	aubergine /oubıci:n/
pırasa	leek /li:k/

BALIKLAR, DENİZ MAHSULLERİ

ahtapot	octopus /'oktıpıs/
alabalık	trout /traut/
dilbalığı	sole /soul/
hamsi	anchovy /'ençıvi/
istavrit	small mackerel /smo:l 'mekrıl/
kalamar	squid /'skwid/
kalkan	turbot /'tö:bıt/
karides	shrimp /'şrimp/
kerevit	prawn /pro:n/
kılıç	swordfish /'so:dfiş/
ıstakoz	lobster /'lobstı/
levrek	bass /bes/
lüfer	blue fish /blu: fiş/
mezgit	haddock /'hedık/
midye	mussel /'masıl/

palamut	bonito /bını:tou/
sardalye	sardine /'sa:di:n/
ton	tunny /tani/
uskumru	mackerel /'mekrıl/

TATLILAR

krem karamel	cream caramel /kri:m 'kerımıl/
sütlaç	rice pudding /rays puding/
muhallebi	pudding /'puding/
turta, kek	pie /pay/
pasta	cake /keyk/
jöle	jelly /celi/
meyva salatası	fruit salad /fru:t selıd/
dondurma	ice cream /ays'kri:m/

MEYVELER

armut	pear /peı/
çilek	strawberry /stro:bri/
elma	apple /epıl/
erik	plum /plam/
incir	fig /fig/
karpuz	water melon /'wo:tı melın/
kavun	melon /melın/
kayısı	apricot /'eyprikot/
kiraz	cherry /çeri/
mandalina	tangerine /tencı'ri:n/
muz	banana /bı'na:nı/
portakal	orange /'orinc/
şeftali	peach /pi:ç/
üzüm	grapes /greyps/

İÇECEKLER

bira	beer /bıı/
cin	gin /cin/
şarap	wine /wayn/
votka	vodka /'vodkı/
gazoz	pop /pop/
kola	coke /'kouk/
limonata	lemonade /'lemıneyd/
madensuyu	mineral water /'minırıl 'wo:tı/
meşrubat	soft drink /soft drink/
meyve suyu	fruit juice /fru:t cu:s/
su	water /'wo:tı/
çay	tea /ti:/
neskafe	instant coffee /'instınt 'kofi/

BAHARATLAR, OTLAR

acı biber	hot pepper /hot 'pepı/
baharat	spice /spays/
biber	pepper /'pepı/
hardal	mustard /'mastıd/
karabiber	black pepper /'blek pepı/
kekik	thyme /taym/
kırmızı biber	red pepper /red 'pepı/
kimyon	cummin /'kamin/
maydanoz	parsley /'pa:sli/
nane	mint /mint/
sarmısak	garlic /'ga:lik/
tuz	salt /so:lt/

YEMEK PİŞİRME BİÇİMLERİ

buğulama	steamed /sti:md/
çevirme	spit roasted /spit 'roustid/
çiğ	raw /ro:/
dolma	stuffed /'staft/
fırında	roasted /'roustid/
füme	smoked /'smoukt/
haşlama	boiled, stewed /'boyld, styu:d/
ızgara	grilled, broiled /grild, broyld/
kızartma	fried /'frayd/
salamura	marinated /mı'ri:nıtid/
tandır	roasted in an oven /'roustid in ın ovn/
zeytinyağlı	in olive oil /in oliv oyl/

İş

İŞ ARAMA

Müdürle görüşmek istiyorum.
I want to speak to the manager.
/ay wont tu spi:k tu dı 'menicı/

Lütfen geldiğimi söyler misiniz?
Will you please tell him I've come?
/wil yu pli:z tel him ayv kam/

İşte tavsiye mektubum.
Here's my letter of recommendation.
/hiız may 'letı ov rekı'mendeyşın/

Büro ne zaman açılır?
What time does the office open?
/wot taym daz dı 'ofis oupın/

Kime başvurayım?
Who shall I ask for?
/hu: şel ay a:sk fo:/

Çalışma izniniz var mı?
Have you got a work permit?
/hev yu got ı wö:k pö:mit/

Randevunuz var mı?
   Have you got an appointment?
   /hev yu got ın ı'poynmınt/

Ben müdürün sekreteriyim.
   I'm the manager's secretary.
   /aym dı 'menicız 'sekrıtıri/

Sizi bekliyor mu?
   Is he (she) expecting you?
   /iz hi (şi:) ik'spekting yu/

Yabancı işçileriniz var mı?
   Have you any foreign workers?
   /hev yu eni 'forin wö:kız/

Cumartesi günleri çalışır mısınız?
   Do you work on Saturdays?
   /du yu wö:k on 'setıdiz/

Çok iyi İngilizce konuşamam.
   I can't speak English very well.
   /ay ka:nt spi:k 'ingliş 'veri wel/

İlkokulu bitirdim.
   I have finished primary school.
   /ay hev finişt 'praymıri sku:l/

Sanat okulunu bitirdim.
I have finished technical school.
/ay hev finişt 'teknikıl sku:l/

Ortaokulu bitirdim.
I have finished junior high school.
/ay hev finişt 'ciu:nıı hay sku:l/

Liseyi bitirdim.
I have finished high school.
/ay hev finişt hay sku:l/

İşte diplomam.
Here's my diploma.
/hıız may dip'loumı/

Bir yıldır burada çalışıyorum.
I have been working here for one year.
/ay hev bi:n wö:king hıı fo: wan yıı/

Burada iki yıl çalışacağım.
I'm going to work here for two years.
/aym gouing tu wö:k hıı fo: tu: yıız/

Türkiye'deyken marangozdum.
I was a carpenter in Turkey.
/ay woz ı 'ka:pıntı in 'tö:ki/

Bu şartlar altında çalışamam.
I can't work on these terms.
/ay ka:nt wö:k on di:z tö:mz/

Elektrikçiyim.
I'm an electrician.
/aym ın i'lektrişın/

Garsonum.
I'm a waiter.
/aym ı 'weytı/

İnşaat işçisiyim.
I'm a building labourer.
/aym ı bilding leybırı/

Usta (kalifiye) bir işçiyim.
I'm a skilled worker.
/aym ı skild wö:kı/

Bonservisiniz var mı?
Have you a certificate of good service?
/hev yu ı sı'tıfikit ov gud 'sö:vis/

İşbaşı saat kaçtadır?
What time does work start?
/wot taym daz wö:k sta:t/

İş saat sekizde başlar.
Work starts at eight o'clock.
/wö:k sta:ts et eyt ı'klok/

Ben işsizim.
I have no work.
/ay hev nou wö:k/

Şu anda çalışmıyorum.
I don't work at the moment. /ay dount wö:k et dı moumınt/

Ben bir fabrika işçisiyim.
I'm a factory worker.
/aym ı fektıri wö:kı/

MESLEKLER

ahçı	cook /kuk/
aktör	actor /'ektı/
aktris	actress /'ektris/
arkeolog	archaeologist /a:ki'olıcist/
asker	soldier /'soulcı/
avukat	lawyer /'lo:yı/
bakkal	grocer /'grousı/
balıkçı	fisherman /'fişımın/
bankacı	bank official /benk ı'fişıl/
barmen	barman /'ba:mın/
barmeyd	barmaid /ba:meyd/
berber	barber /'ba:bı/
bilim adamı	scientist /'sayıntist/
boyacı	house painter /haus 'peyntı/
camcı	glazier /'gleyzıı/
cerrah	surgeon /'sö:cın/
çiçekçi	florist /'flo:rist/
çiftçi	farmer /'fa:mı/
çilingir	locksmith /'loksmit/
çoban	shepherd /şepıd/
dansöz, dansçı	dancer /da:nsı/
dekoratör	decorator /'dekıreytı/
denizci	sailor /'seylı/
disk jokey	disc jockey /'disk coki/
dişçi	dentist /'dentist/
doktor	doctor /'doktı/
eczacı	chemist /'kemist/
ekonomist	economist /i'konımist/

elektrikçi	electrician /ilek'trişın/
emekli	retired /ri'tayıd/
emlakçı	real estate agent /'rııl isteyt eycınt/
ev hanımı	housewife /'hauswayf/
fırıncı	baker /'beykı/
film yıldızı	film star /film sta:/
fotoğrafçı	photographer /fı'togrıfı/
garson	waiter /'weytı/
gazete bayii	newsagent /'nyu:zeycınt/
gazeteci	journalist /'cö:nilist/
grafiker	graphic designer /'grefik di'zaynı/
gümrük memuru	customs officer /'kastımz 'ofisı/
hakim	judge /cac/
hamal	porter /'po:tı/
hemşire	nurse /nö:s/
heykeltıraş	sculptor /'skalptı/
hizmetçi kadın	woman servant /'wumın sö:vınt/
hostes	stewardess /styu:ı'des/
iş adamı	businessman /'biznismın/
işçi	worker /'wö:kı/
itfaiyeci	fireman /'fayımın/
jokey	jockey /'coki/
kameraman	cameraman /'kemırımın/
kamyon şoförü	lorry driver /'lori drayvı/
kapıcı	doorkeeper /'do:ki:pı/
kaptan	captain /'keptin/
kasap	butcher /'buçı/
kasiyer	cashier /ke'şiı/

krupiye	croupier /ˈkru:piı/
kuaför	hairdresser /ˈheıdresı/
kuyumcu	jeweller /ˈcu:ılı/
kütüphaneci	librarian /layˈbreıriın/
madenci	miner /ˈmaynı/
maliyeci	financier /fiˈnensıı/
manav	greengrocer /gri:n grousı/
manken	model /ˈmodl/
marangoz	carpenter /ˈka:pıntı/
matbaacı	printer /ˈprintı/
memur	civil servant /ˈsivıl sö:vınt/
mimar	architect /ˈa:kitekt/
mobilyacı	furniture maker /ˈfö:niçımeykı/
modacı	fashion designer /ˈfeşın diˈzaynı/
muhabir	reporter /riˈpo:tı/
muhasebeci	accountant /ıˈkauntınt/
müfettiş	inspector /inˈspektı/
mühendis	engineer /enciˈniı/
müteahhit	builder /ˈbildı/
müzisyen	musician /myu:ˈzişın/
noter	notary /ˈnoutıri/
öğretmen	teacher /ˈti:çı/
papaz	priest /pri:st/
pilot	pilot /ˈpaylıt/
polis (erkek)	policeman /pıˈli:smın/
polis (kadın)	policewoman /pıˈli:swumın/
politikacı	politician /poliˈtişın/
postacı	postman /ˈpoustmın/
programcı	programmer /ˈprougremı/
psikolog	psychologist /sayˈkolıcist/

reklamcı	advertiser /'edvıtayzı/
resepsiyoncu	receptionist /ri'sepşınist/
ressam	artist /'a:tist/
saatçi	watch repairer /woç ri'peırı/
sanatçı	artist /'a:tist/
sanayici	industrialist /in'dastrıılist/
santral görevlisi	telephonist /ti'lefınist/
savcı	prosecutor /'prosikyu:tı/
sekreter	secretary /'sekrıtiri/
sendikacı	trade unionist /'treyd 'yu:niınist/
sigortacı	insurer /in'şu:rı/
sistem analisti	system analyst /'sistım 'enılist/
spiker	announcer /ı'naunsı/
sporcu (bayan)	sportswoman /'spo:tswumın/
sporcu (erkek)	sportsman /'spo:tsmın/
su tesisatçısı	plumber /'plambı/
subay	officer /'ofisı/
şarkıcı	singer /'singı/
şoför	driver /'drayvı/
tamirci	mechanic /mi'kenik/
teknisyen	technician /tek'nişın/
tercüman	interpreter /in'tö:prıtı/
terzi	tailor /'teylı/
tezgáhtar	shop assistant /şop ı'sistınt/
tüccar	merchant /'mö:çınt/
veteriner	veterinary /'vetırinıri/
veznedar	treasurer /'trejırı/
yayımcı	publisher /'pablişı/
yazar	author /o:tı/

İŞYERİNDE

Ustabaşı nerede?
Where's the foreman?
/weız dı 'fo:mın/

Makineyi durdur.
Stop tne engine.
/stop dı 'encin/

Dikkat!
Attention!
/ı'tenşın/

Bu iş bana çok yeni.
This work is quite new to me.
/dis wö:k is kwayt nyu: tu mi/

Sizin saat ücretiniz ne kadar?
What's your wage per hour?
/wots yo: weyc pö: auı/

Haftada 30 paund alırım.
I get 30 pounds weekly.
/ay get 'tö:ti paundz wi:kli/

Avans olarak 5 paund alabilir miyim?
　Can I get an advance of 5 pounds?
　/ken ay get ın ıd'va:ns ov fayv paundz/

Saat başına ne ücret verirsiniz?
　What wages per hour do you pay?
　/wot weyciz pö: auı du yu pey/

Öğle tatili ne kadardır?
　How long is the lunch break?
　/haw long iz dı lanç breyk/

Paydos!
　Stop work!
　/stop wö:k/

Bu makine nasıl çalışır?
　How does this machine work?
　/haw daz diz mı'şi:n wö:k/

Bugün fazla mesai yapmak istiyorum.
　I want to do overtime today.
　/ay wont tu du 'ouvıtaym tudey/

Bu nasıl yapılır?
　How is this done?
　/haw iz dis dan/

173

Yemekhane nerededir?
Where's the dining room?
/weız dı 'dayning rum/

Sigara içmek yasaktır!
No smoking!
/nou 'smouking/

Bunun nasıl yapılacağını gösterebilir misiniz?
Can you show me how to do this?
/ken yu şou mi haw tu du dis/

Burada cumartesi günleri çalışırlar mı?
Do they work on Saturdays here?
/du dey wö:k on 'setıdiz hiı/

Otobüsü kaçırdım.
I missed the bus.
/ay mist dı bas/

Dün hastaydım.
I was ill yesterday.
/ay woz il 'yestıdey/

Kendimi iyi hissetmiyorum. Eve gitmeliyim.
I don't feel well. I must go home.
/ ay dount fi:l wel ay mast gou houm/

İş iki saat içinde bitirilecek.
The job will be finished in two hours.
/dı cob wil bi finişt in tu: auız/

Özür dilerim, geciktim.
I'm sorry. I'm late.
/aym 'sori aym leyt/

Maaş günü ne zaman?
When is pay day?
/wen iz peydey/

İŞYERİNDE KULLANILAN ARAÇ VE GEREÇLER

alet	tool /tu:l/
alet kutusu	tool box /tu:l 'boks/
bahçıvan beli	spade /speyd/
balta	axe /eks/
bıçak	knife /nayf/
boya	paint /peynt/
çakı	penknife /'pen nayf/
çapa	hoe /hou/
çekiç	hammer /'hemı/
çivi	nail /neyl/
demir testeresi	hacksaw /'hekso:/
eğe	file /fayl/
fırça	brush /braş/
halat	rope /roup/
havya	soldering iron /'soldıring ayın/
huni	funnel /'fanıl/
iğne	needle /'ni:dıl/
iplik	thread /tred/
kalas	plank /plenk/
kazma	pickaxe /'pikeks/
kerpeten	pliers /'playız/
keski	chisel /'çizıl/
kıl fırça	hair brush /heı braş/
kilit	lock /lok/
kriko	jack /cek/
kürek	shovel /'şavıl/

makas	scissors /'sizız/
makine	machine /mı'şın/
matkap	drill /dril/
mengene	vice /vays/
merdiven	ladder /'ledı/
örs	anvil /envil/
piston	piston /'pistın/
rende, planya	plane /pleyn/
somun anahtarı	spanner /'spenı/
tel	wire /'wayı/
tel fırça	wire brush /'wayı braş/
teneke	tin /tin/
testere	saw /so:/
tokmak	mallet /'melıt/
tornavida	screwdriver /'skru:drayvı/
tutkal	glue /glu:/
vida	screw /skru:/
yay	spring /spring/

SAYILAR

0 sıfır	zero /ˈzıırou/
1 bir	one /wan/
2 iki	two /tu:/
3 üç	three /tri:/
4 dört	four /fo:/
5 beş	five /fayv/
6 altı	six /siks/
7 yedi	seven /ˈsevın/
8 sekiz	eight /eyt/
9 dokuz	nine /nayn/
10 on	ten /ten/
11 on bir	eleven /iˈlevın/
12 on iki	twelve /twelv/
13 on üç	thirteen /ˈtö:ti:n/
14 on dört	fourteen /ˈfo:ti:n/
15 on beş	fifteen /ˈfifti:n/
16 on altı	sixteen /ˈsiksti:n/
17 on yediz	seventeen /ˈsevınti:n/
18 on seki	eighteen /ˈeyti:n/
19 on dokuz	nineteen /ˈnaynti:n/
20 yirmi	twenty /ˈtwenti/
30 otuz	thirty /ˈtö:ti/
40 kırk	forty /ˈfo:ti/
50 elli	fifty /ˈfifti/
60 altmış	sixty /ˈsiksti/

70 yetmiş	seventy /'sevınti/
80 seksen	eighty /'eyti/
90 doksan	ninety /'naynti/
100 yüz	one hundred /wan 'handrıd/
500 beş yüz	five hundred /fayv 'handrıd/
1000 bin	one thousand /wan 'tauzınd/
5000 beş bin	five thousand /fayv 'tauzınd/
50 000 elli bin	fifty thousand /fifti 'tauzınd/
1 000 000 milyon	one million /wan 'milyın/
1 000 000 000 milyar	one billion /wan 'bilyın/

SIRA SAYILARI

birinci	first /fö:st/
ikinci	second /sekınd/
üçüncü	third /tö:d/
dördüncü	fourth /fo:t/
beşinci	fifth /fift/
altıncı	sixth /sikst/
yedinci	seventh /'sevınt/
sekizinci	eighth /eytt/
dokuzuncu	ninth /naynt/
onuncu	tenth /tent/
on birinci	eleventh /i'levınt/
on ikinci	twelfth /twelft/
on üçüncü	thirteenth /'tö:ti:nt/

on dördüncü	fourteenth /'fo:ti:nt/
on beşinci	fifteenth /'ifti:nt/
on altıncı	sixteenth /'siksti:nt/
on yedinci	seventeenth /'sevınti:nt/
on sekizinci	eighteenth /'eyti:nt/
on dokuzuncu	nineteenth /'naynti:t/
yirminci	twentieth /'twentiıt/
yirmi birinci	twenty-first /'twenti 'fö:st/
yirmi ikinci	twenty-second /'twenti 'sekınd/
yirmi üçüncü	twenty-third /'twenti 'tö:d/
yirmi dördüncü	twenty-fourth /'twenti 'fo:t/
yirminci	twentieth /'twentiıt/
otuzuncu	thirtieth /'tö:tıt/
kırkıncı	fortieth /'fo:tıt/
ellinci	fiftieth /'fiftiıt/
altmışıncı	sixtieth /'sikstiıt/
yetmişinci	seventieth /'sevıntiıt/
sekseninci	eightieth /'eytiıt/
doksanıncı	ninetieth /'nayntiıt/
yüzüncü	one hundredth /wan 'handrıdt/
bininci	one thousandth /wan 'tauzındt/

ALIŞVERİŞ

ALIŞVERİŞ

BÜYÜK MAĞAZADA

Alışverişe çıkıyorum.
I'm going shopping.
/aym going şoping/

Esas alışveriş merkezi hangisidir?
Which is the main shopping area?
/wiç iz dı meyn 'şoping erıı/

... yı nerede bulabilirim?
Where can I get ...?
/weı ken ay get .../

... almak için iyi bir dükkân biliyor musunuz?
Do you know a good shop to buy ...?
/du yu nou ı gud şop tku bay .../

Buraya kim bakıyor?
Who's serving here?
/hu:z sö:ving hiı/

Ne arzu ediyorsunuz?
What would you like?
/wot wud yu layk/

Bu gömleğin fiyatı ne kadardır?
How much is this shirt?
/haw maç iz dis şö:t/

Erkek eşyası bölümü nerede?
Where's the men's department?
/weız dı menz di'pa:tmınt/

Çorapları görebilir miyim, lütfen?
Can I see the socks (stockings), please?
/ken ay si: dı 'soks ('stokingz) pli:z/

Bana şu çantaları gösterir misiniz, lütfen?
Will you please show me those bags?
/wil yu pli:z şou mi douz begz/

Teşekkür ederim, sadece şöyle bakıyordum.
Thank you, I'm just looking around.
/'tenk yu aym cast luking ı'raund/

Başka renkleri var mı?
Have you got it in other colours?
/hev yu got it in a:dı 'kalız/

Bu elbise bana uymuyor.
This suit doesn't fit me.
/dis su:t dazınt fit mi/

Bana uymazsa değiştirebilir miyim?
  Can I change it if it doesn't fit me?
  /ken ay çeync it if it dazınt fit mi/

Ne zaman hazır olacak?
  When will it be ready?
  /wen wil it bi 'redi/

O bana uymuyor.
  It doesn't fit me.
  /it dazınt fit mi/

Bir prova edebilir miyim?
  Can I try it on?
  /ken ay tray it on/

Bu ayakkabılar bana çok küçük.
These shoes are too small for me.
/di:z şu:z a: tu: smo:l fo: mi/

Bir çift ayakkabı istiyorum.
I want a pair of shoes.
/ay wont ı peı ov şu:z/

Bir takım elbise almak istiyorum.
I want to buy a suit.
/ay wont tu bay ı su:t/

Kollar çok uzun.
The sleeves are too long.
/dı 'sli:vz a: tu: long/

Bunlar hanımlar için mi?
Are these for ladies?
/a: di:z fo: 'leydiz/

O bir hanım içindir.
It's for a lady.
/its fo: ı 'leydi/

Seyahat çeki kabul eder misiniz?
Do you accept traveller's cheques?
/du yu ık'sept 'trevlız çeks/

Asansörle yukarı çıkabilir miyim?
Can I take the lift upstairs?
/ken ay teyk dı lift ap'steız/

Biraz daha ucuzlarını gösterebilir misiniz?
Will you show me some cheaper ones?
/wil yu şou mi sam çi:pı wanz/

Rengi (biçimi) hoşuma gitmedi.
I don't like the colour (shape).
/ay dount layk dı 'kalı (şeyp)/

Bu olmaz.
This won't do.
/dis wount du/

Sizde bayan şemsiyeleri bulunur mu?
Have you got ladies umbrellas?
/hev yu got 'leydi:z am'brelız/

Karım (Kocam) için bir şapka istiyorum.
I want a hat for my for my wife (husband).
/ay wont ı het fo: may wayf (hazbınd)/

Vitrindeki kravatı bir görebilir miyim?
Can I take a look at the tie in the window?
/ken ay teyk ı luk et dı tay in dı 'windou/

Bu gömleklerin mavileri var mı?
Do these shirts come in blue?
/du di:z şö:ts kam in blu:/

Bu kazak hakiki yün mü?
Is this pullover genuine wool?
/iz dis pulouvı 'cenyuin wul/

Böyle bir şey giyebileceğimi sanmıyorum.
I don't think I can wear anything like that.
/ay dount tink ay ken weı 'eniting layk det/

Pantalonun beli çok geniş.
The trousers are too large at the waist.
/dı 'trauzız a: tu: la:c et dı weyst/

Daha uzun kol istiyorum.
I want longer sleeves.
/ay wont longı 'sli:vz/

Bu çok pahalı.
This is too expensive.
/dis iz tu: ik'spensiv/

Ben daha ucuz bir şey istiyorum.
I want something cheaper.
/ay wont 'samting çi:pı/

Ben daha iyi bir şey istiyorum.
I want something better.
/ay wont 'samting betı/

Size onun için on paund vereceğim.
I'll give you ten pounds for it.
/ayl giv yu ten paundz fo: it/

Lütfen paket yapınız.
Please wrap it up.
/pli:z rep it ap/

Lütfen hepsini birlikte paket yapınız.
Please put them all in one packet.
/pli:z put dem o:l in wan 'pekit/

Borcum ne kadar?
How much do I owe?
/haw maç du ay ou/

Hepsi ne kadar ediyor?
How much is it all together?
/haw maç iz it o:ltı'gedı/

Kasa nerede?
Where's the cash desk?
/weız dı keş desk/

Dört taksitte ödemek istiyorum.
I want to pay in four instalments.
/ay wont tu pey in fo: in'sto:lmınts/

Bana bir paket .... sigarası veriniz.
Give me a packet of ... cigarettes.
/giv mi ı 'pekit ov ... sigı'rets/

Bir paket kaç paradır?
How much is a packet?
/haw maç iz ı pekit/

Lütfen çakmağımı doldurur musunuz?
Will you please fill my lighter?
/wil yu pli:z fil may laytı/

Bir kutu kibrit, lütfen.
A box of matches, please.
/ı boks ov meçiz pli:z/

Nerede bir çakmak bulabilirim?
Where can I find a lighter?
/weı ken ay faynd ı laytı/

Ekmek nerede bulabilirim?
Where can I find bread?
/weı ken ay faynd bred/

Bu ekmek taze mi?
Is this bread fresh?
/iz dis bred freş/

On iki yumurta istiyorum.
I want twelve eggs.
/ay wont twelv egz/

Bir paket tereyağı, lütfen.
A packet of butter, please.
/ ı 'pekit ov batı pli:z/

İki şişe süt istiyorum.
I want two bottles of milk.
/ ay wont tu: 'botılz ov milk/

Bana üç kilo şeker veriniz.
Give me three kilos of sugar.
/giv mi tri: 'kilouz ov şugı/

Bir kilo kuzu pirzolası istiyorum.
I want a kilo of lamb chops.
/ay wont ı 'kilou ov lem çops/

Yarım kilo kıyma, lütfen.
Half a kilo of minced meat, please.
/ha:f ı 'kilou ov minst mi:t pli:z/

oyun etinin fiyatı nedir?
What's the price of mutton?
/wots dı prays ov 'matın/

Bir tane büyük (küçük) tavuk, lütfen.
A big (small) chicken, please.
/ı big (smo:l) çikın pli:z/

İki (Üç) kilo elma istiyorum.
I want two (three) kilos of apples, please.
/ay wont tu: (tri:) 'kilouz ov epılz pli:z/

Bir Londra haritası istiyorum.
I want a map of London.
/ay wont ı mep ov 'landın/

İngilizce (Türkçe) gazete satıyor musunuz?
Do you sell English (Turkish) newspapers?
/du yu sel 'ingliş ('tö:kiş) nyu:zpeypız/

Hepsi bu kadar, teşekkür ederim.
That's all, thank you.
/dets o:l 'tenk yu/

SÖZCÜKLER

GENEL

satın almak	to buy /tu bay/
satmak	to sell /tu sel/
satıcı	seller, salesman /selı seylzmın//
pahalı	expensive /ik'spensiv/
taksit	installment /insto:lmınt/
borç	debt /det/
borçlu	debtor /detı/
vitrin	window /windou/
ucuz	cheap /çi:p/
para	money /mani/
büyük mağaza	department store /di'pa:tmınt sto:/
dükkan	shop, store /şop sto:/

EV EŞYALARI

avize	chandelier /şendı'lıı/
duvar saati	clock /klok/
halı	carpet /'ka:pit/
koltuk	arm chair /a:m çeı/

kül tablası	ash tray /eş trey/
minder	cushion /'kuşın/
perde(ler)	curtains /'kö:tnz/
sandalye	chair /çeı/
sehpa	coffee table /'kofi teybıl/
vazo	vase /va:z/
battaniye	blanket /'blenkit/
çalar saat	alarm clock /ı'la:m klok/
çarşaf	bed sheets /'bed şi:ts/
elbise askısı	coat hanger /'kout hengı/
yastık	pillow /'pilou/
yorgan	quilt /kwilt/
bıçak	knife /nayf/
buzdolabı	refrigerator /ri'fricıreytı/
cezve	coffee pot /'kofi pot/
çatal	fork /fo:k/
çay bardağı	tea glass /'ti:gla:s/
çaydanlık	teapot /'ti:pot/
dolap	cupboard /'kabıd/
ekmeklik	bread bin /bred bin/
huni	funnel /'fanıl/
kaşık	spoon /spu:n/
kavanoz	jar /ca:/
kepçe	ladle /'leydl/
kevgir	colander /'kalındı/
sürahi	jug /cag/
tabak	plate /pleyt/
tava	frying-pan /'frayingpen/
tencere	saucepan /'so:spen/
tepsi	tray /trey/

termos	flask /fla:sk/
çamaşır makinesi	washing machine /'woşing mı'şi:n/
dikiş makinesi	sewing machine /'souing mı'şi:n/
elektrik süpürgesi	vacuum cleaner /'vekyuım 'kıli:nı/
saç kurutma makinesi	hair dryer /heıdrayı/
ütü	iron /'ayın/

GİYECEKLER ve AKSESUARLAR

anorak	anorak /'enırek/
ayakkabı	shoes /şu:z/
blucin	bluejeans /blu:ci:nz/
ceket	jacket /'cekit/
çizme	boots /bu:ts/
çorap	socks /soks/
eşofman	tracksuit /'treksu:t/
fanila	flannelvest /'flenılvest/
frak	tail coat /teyl kout/
gömlek	shirt /şö:t/
kravat	tie /tay/
külot	underpants /'andıpents/
mayo	bathing suit /beyding su:t/
pijama	pyjamas /'pıca:mız/
smokin	tuxedo /tak'si:dou/

spor ayakkabı	sports shoes /'spo:tsşu:z/
süveter	sweater /swetı/
şort	shorts /şo:ts/
takım elbise	suit /su:t/
terlik	slippers /slipız/
tişört	T-shirt /ti: şö:t/
yağmurluk	raincoat /'reynkout/
yelek	waistcoat /'weystkout/
bikini	bikini /bi'kini/
bluz	blouse /blauz/
bornoz	bathrobe /'ba:troub/
çorap (uzun)	stockings /'stokingz/
deri takım	leather suit /'ledı su:t/
elbise	dress /dres/
etek	skirt /skö:t/
gecelik	nightdress /'naytdres/
gelinlik	wedding gown /'weding gaun/
hırka	cardigan /'ka:digın/
iç çamaşırı	underwear /'andıweı/
kazak	pullover /'pulouvı/
kışlık elbise	winter dress /'wintıdres/
korse	girdle /'gö:dıl/
külot	panties /'pentiz/
külotlu çorap	tights /tayts/
kürk manto	fur coat /'fö: kout/
manto	coat /kout/
mayo	swimsuit /'swimsu:t/
pantalon	trousers, pants /'trauzıs, pents/

pardösü	overcoat /'ouvıkout/
sutyen	bra /bra:/
şort	shorts /şo:ts/
tayyör, döpiyes	suit /su:t/
tuvalet	evening dress /'i:vning dres/
yağmurluk	raincoat /'reynkout/
yazlık elbise	summer dress /'samıdres/
başörtüsü	headscarf /hed ska:f/
bilezik	bracelet /'breyslit/
el çantası	handbag /'hendbeg/

SAATÇİDE

Bir saat satın almak istiyorum.
I want to buy a watch.
/ay wont tu bay ı woç/

Bir kol saati satın almak istiyorum.
I want to buy a wrist watch.
/ay wont tu bay ı rist woç/

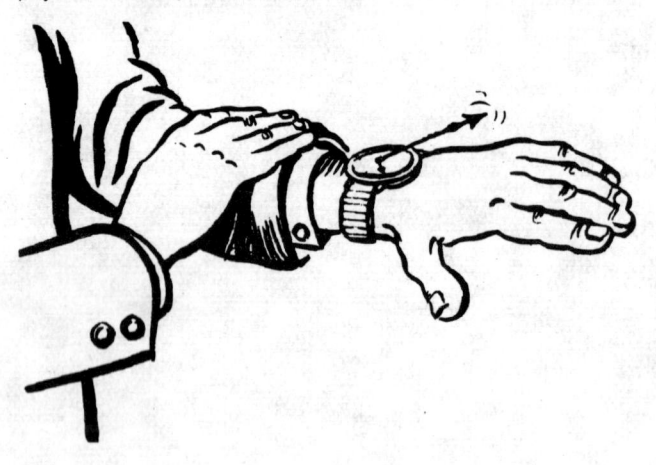

Saatim ileri gidiyor.
My watch is fast.
/may woç iz fa:st/

Ucuz duvar saatleriniz var mı?
   Have you got cheap wall clocks?
   /hev yu got çi:p wo:l kloks/

Saatimi tamir ettirmek istiyorum.
   I want to have my watch repaired.
   /ay wont tu hev may woç ri'peıd/

Saatim çalışmıyor.
   My watch isn't working.
   /may woç izınt wö:king/

Saatim geri kalıyor.
   My watch is slow.
   /may woç is slou/

Saatim bozuk.
   My watch won't go.
   /may woç wount gou/

Saatim yere düştü.
   My watch fell on the ground.
   /may woç fel on dı graund/

Saatim aniden durdu.
   My watch stopped suddenly.
   /may woç stopt 'sadınli/

Yayı kırıldı.
　The spring broke.
　/**dı** spring brouk/

Tamir edebilir misiniz?
　Can you repair it?
　/ken yu ri'peı it/

Ne zaman hazır olur?
　When will it be ready?
　/wen wil it bi 'redi/

Ne kadar ödeyeceğim?
　How much will I pay?
　/haw maç wil ay pey/

Şu saati görebilir miyim, lütfen?
　Could I see that watch, please?
　/kud ay si: **det** woç pli:z/

Tamir masrafı ne kadar olacak?
　How much will the repair cost?
　/haw maç wil **dı** ri'peı kost/

SÖZCÜKLER

saat	clock, watch /klok, woç/
duvar saati	wall clock /wo:l kok/
kol saati	wrist watch /'rist woç/
cep saati	pocket watch /pokit woç/
çalar saat	alarm clock /ıla:m kok/
saatçi	watch maker /'woç meykı/
yay, zemberek	spring /spring/
cam	glass /gla:s/
gösterge, ibre	hand /hend/
akrep	hour hand /auı hend/
yelkovan	minute hand /minit hend/
kurmak (saati)	to wind /tu waynd/
temizlemek	to clean /tu kli:n/
sarkaç	pendulum /'pendyulım/

FOTOĞRAFÇIDA

Resmimi çektirmek istiyorum.
I want to have my picture taken.
/ay wont tu hev may 'pikçı teykın/

Vesikalık resim çektirmek istiyorum.
I want to have a passport picture taken.
/ay wont tu hev ı 'pa:spo:t 'pikçı teykın/

Lütfen birkaç değişik poz çekiniz.
Please take some different poses.
/pli:z teyk sam 'difrınt pouzız/

Resimleri ne zaman alabilirim?
When can I get the pictures?
/wen ken ay get dı 'pikçız/

On iki tane istiyorum.
I want twelve.
/ay wont twelv/

Bir fotoğraf albümü satın almak istiyorum.
I want to buy a photo album.
/ay wont tu bay ı 'foutou elbım/

Bu filmi lütfen banyo ediniz.
Please develop this film.
/pli:z di'velıp dis film/

Her negatiften bir agrandisman istiyorum.
I want one enlarged copy from each negative.
/ay wLnt wan inla:cd kopi from i:ç 'negıtiv/

Mat kağıda ve 6 x 9 boyutunda olsun.
I want them on matt paper 6 by 9.
/ay wont dem on met peypı siks bay nayn)

Parlak ve 9 x 12 istiyorum.
I want them on glossy paper 9 by 12.
/ay wont dem on glosi peypı nayn bay twelv/

Filmi makineye koyar mısınız?
Will you put in the film
/wil yu put in dı film/

Bu resmi büyüttürmek istiyorum.
I want to have this picture enlarged.
/ay wont tu hev dis 'pikçı inla:cd/

Her resimden bir kopya, lütfen.
One print from each picture, please.
/wan print from i:ç 'pikçı pli:z/

Bir fotoğraf makinesi satın almak istiyorum.
   I want to buy a camera.
   /ay wont tu bay ı 'kemırı/

Siyah beyaz bir negatif film almak istiyorum.
   I want to buy a black and white negative film.
   /ay wont tu bay ı blek end wayt 'negıtiv film/

Her pozdan ... tane istiyorum.
   I want ... prints of each negative.
   /ay wont ... prints ov i:ç 'negıtiv/

16 mm. lik film var mı?
   Have you got 16 mm film?
   /hev yu got siks'ti:n 'milimi:tı film/

Bir flaş satın almak istiyorum.
   I want to buy a flash.
   /ay wont tu bay ı fleş/

SÖZCÜKLER

kopya	copy /kopi/
baskı	print /print/
fotoğraf makinesi	camera /kemırı/
teleobjektif	telelens /telilenz/
enstantane	snapshot /snepşot/
pozometre	exposure meter /ekspoujı mi:tı/
deklanşör	shutter /şatı/
resim	picture /pikçı/
vesikalık resim	passport picture /pa:spo:t pikçı/
diyafram	diaphragm stop /dayefrem stop/
büyütme, agrandisman	enlargement /in'la:cmınt/
objektif	lens /lenz/
flaş	flash /fleş/
slayt, dia	slide /slayd/
film	film /film/
renkli film	colour film /kalı film/
filtre	filter /filtı/
ışık	light /layt/
gün ışığı	daylight /deylayt/
mercek	lens /lenz/
uzaklığı ayarlamak	to focus /tu foukıs/
banyo ettirmek	to develop /tu divelıp/
resim çekmek	to take pictures /tu teyk pikçız/
rötuş yapmak	to retouch /tu ritaç/

flu	blurred /blö:d/
parlak	glossy /glosi/
mat	matt /met/
poz	pose /pouz/
ayak, sehpa	tripod /tripod/
çerçeve	frame /freym/
negatif	negative /negative/
kartuş	cartridge /'ka:tric/
flaş lambası	flash bulb /fleş balb/

SAĞLIK VE BAKIM

SAĞLIK VE BAKIM

ECZANEDE

Bu yakınlarda bir eczane var mı?
    Is there a chemist's near here?
    /iz deı ı 'kemists nıı hiı/

Bana bu reçeteyi yapar mısınız?
    Will you make up this prescription for me?
    /wil yu meyk ap dis pri'skripşın fo: mi/

Ne zaman hazır olur?
    When will it be ready?
    /wen wil it bi 'redi/

Lütfen bana reçetenizi veriniz.
    Please give me your prescription.
    /pli:z giv mi yo: pri'skripşın/

Bir öksürük ilacı (kuvvet şurubu ...) istiyorum.
    I want cough pills (a tonic ...).
    /ay wont kof pilz (ı tounik ...)/

Bana soğuk algınlığa (ateşe ...) karşı bir şey verebilir misiniz?
    Can you give me something for a cold (fever ...)?
    /ken yu giv mi 'samting fo: ı kould (fi:vı ...)/

Bana iki kutu aspirin veriniz.
Give me two boxes of aspirins.
/giv mi tu: boksiz ov 'espirinz/

Küçük bir şişe tentürdiyot, lütfen.
A small bottle of iodine, please.
/ı smo:l 'botıl ov 'ayıdi:n pli:z/

Bu ilacı reçetesiz alabilir miyim?
Can I get this medicine without a prescription?
/ken ay get dis 'medsin widaut ı pri'skripşın/

Onu size reçetesiz veremem.
I can't give it to you without a prescription.
/ay ka:nt giv it tu yu wi'daut ı pri'skripşın/

Fiyatı nedir?
How much is it?
/haw maç iz it/

Seyahat hastalığı (araç tutması) için bir şey istiyorum.
I want something for travel sickness.
/ay wont 'samting fo: trevıl siknis/

Bana diş ağrısı için bir şey verebilir misiniz?
Can you give me something for tooth ache?
/ken yu giv mi 'samting fo: 'tu:t eyk/

Bir rulo plaster istiyorum.
I want a roll of adhesive plaster.
/ay wont ı rol ov ıd'hi:siv 'pla:stı/

Bu akşam hangi eczane nöbetçidir?
Which chemist's is open tonight?
/wiç 'kemists is oupın tı'nayt/

Bana iyi bir doktor tavsiye edebilir misiniz?
Can you recommend me a good doctor?
/ken yu rekı'mend mi ı gud doktı/

Bu ilacı günde üç kere mi alacağım?
Shall I take this medicine three times a day?
/şel ay teyk dis 'medsin tri: taymz ı dey/

SÖZCÜKLER

antiseptik	antiseptic /enti'septik/
aseton	nail polish remover /neyl poliş rimu:vı/
cımbız	tweezers /'twi:zız/
çengelliiğne	safety pins /'seyfti pinz/
çocuk bezi	nappies /'nepi:z/
deodoran	deodorant /di:'oudırınt/
diş fırçası	toothbrush /'tu:tbraş/
diş macunu	toothpaste /'tu:tpeyst/
eczane	chemist's /'kemists/
el kremi	hand cream /hend kri:m/
el losyonu	hand lotion /hend 'louşın/
far	eye shadow /ay şedou/
fırça	brush /braş/
fondöten	foundation cream /faun'deyşın kri:m/
gece kremi	night cream /nayt kri:m/
göz kalemi	eye pencil /ay pensıl/
güneş kremi	sun cream /san kri:m/
güneş yağı	sun oil /san oyl/
ilaç	medicine /'medsin/
kadın bağı	sanitary napkins

	/'senitıri nepkinz/
kan	blood /blad/
kâğıt mendil	Kleenex /'kli:neks/
kapsül	capsule /'kepsyu:l/
kolonya	cologne /kı'loun/
krem	cream /kri:m/
nemlendirici	moisturizer /'moysçırayzı/
oje	nail polish /neyl poliş/
parfüm	perfume /'pö:fyu:m/
pastil	lozenge /'lozinc/
pudra	powder /paudı/
reçete	prescription /pris'kripşın/
rimel	mascara /mı'ska:rı/
ruj	lipstick /lipstik/
sabun	soap /soup/
saç kremi	hair cream /heıkri:m/
saç spreyi	hair spray /heısprey/
sünger	sponge /spanc/
şampuan	shampoo /şem'pu:/
tablet	pill /pil/
talk pudrası	talcum powder /'telkım paudı/
tampon	tampons /'temponz/
tarak	comb /koum/
tıraş fırçası	shaving brush /'şeyving braş/

tıraş kremi	shaving cream /ˈşeyving kri:m/
tıraş losyonu	after shave lotion /aːftışeyv louşın/
tıraş sabunu	shaving soap /ˈşeyving braş/
tırnak makası	nail clippers /neyl klipız/
tırnak törpüsü	nail file /neyl fayl/
tuvalet kâğıdı	toilet paper /ˈtoylit peypı/
yüz havlusu	facecloth /feys klout/
yüz pudrası	face powder /feys paudı/

DOKTORDA

Şikâyetiniz nedir?
What's your complaint?
/wots yo: kı'mpleynt/

Başım dönüyor.
I feel dizzy.
/ay fi:l dizi/

Hastayım.
I'm ill.
/aym il/

Bir doktora görünmeliyim.
I must see a doctor.
/ay mast si: ı 'doktı/

Doktor evde mi?
Is the doctor in?
/iz dı 'doktı in/

Kendimi hiç iyi hissetmiyorum.
I don't feel well at all.
/ay dount fi:l wel et o:l/

215

Başım ağrıyor.
I've got a headache.
/ayv got ı 'hedeyk/

Nerede iyi bir doktor bulabilirim?
Where can I find a good doctor?
/weı ken ay faynd ı gud 'doktı/

Nerede oturur?
Where does he live?
/weı daz hi liv/

Muayene saatleri ne zamandır?
When are his consulting hours?
/wen a: hiz kın'salting auız/

Lütfen derhal bir doktor çağırın.
Please call a doctor immediately.
/pli:z ko:l ı 'doktı imi:dııtli/

Kendimi çok yorgun hissediyorum.
I feel very tired.
/ay fi:l veri 'tayıd/

Bugün hiç iyi değilim.
I don't feel well at all today.
/ay dount fi:l wel et o:l tı'dey/

Doktor burada mı?
Is the doctor here?
/iz dı 'doktı hiı/

Doktorla görüşmem gerek.
I must speak to the doctor.
/ay mast spi:k tu dı 'doktı/

Beklemeniz gerekecek.
You will have to wait.
/yu wil hev tu weyt/

Çok bekleyecek miyim?
Will I have to wait long?
/wil ay hev tu weyt long/

Bekleyen çok kimse var mı?
Are there many people waiting?
/a: deı meni pi:pıl weyting/

O kadar zaman bekleyemem.
I can't wait that long.
/ay ka:nt weyt det long/

Merhaba, doktor.
Hello, doctor.
/hı'lou 'doktı/

Birkaç gündür kendimi iyi hissetmiyorum.
I haven't felt well for some days.
/ay hevınt felt wel fo: sam deyz/

Üşüttüm.
I've caught a cold.
/ayv ko:t ı kould/

Boğazım ağrıyor.
I've got a sore throat.
/ayv got ı so: trout/

Uyuyamıyorum.
I can't sleep.
/ay ka:nt sli:p/

Eğilemiyorum.
I can't bend.
/ay ka:nt bend/

Hareket edemiyorum.
I can't move.
/ay ka:nt mu:v/

Nereniz ağrıyor?
   Where does it hurt?
   /weı daz it hö:t/

Acıyor mu?
   Does it hurt?
   /daz it hö:t/

Buramda korkunç bir ağrı var.
   I've got a severe pain here.
   /ayv got ı si'vıı peyn hiı/

Ne zamandır ağrıyor?
   How long has it hurt?
   /haw long hez it hö:t/

Sürekli ağrıyor.
It hurts all the time.
/it hö:ts o:l dı taym/

Şuraya uzanın lütfen.
Please lie down here.
/pli:z ley daun hiıı/

Derin nefes alın.
Breathe deeply.
/bri:t di:pli/

Öksürün.
Cough.
/kof/

Ağzınızı açın.
Open your mouth.
/oupın yo: maut/

Bir kaza geçirdim.
I've had an accident.
/ayv hed en 'eksidınt/

Ayak bileğimi burktum.
I've sprained my ankle.
/ayv spreynd may 'enkıl/

Kırılmış mı?
   Is it broken?
   /iz it broukın/

Hastaneye gitmek gerekli mi?
   Is it necessary to go to the hospital?
   /iz it nesisıri tu gou tu dı 'hospitıl/

Röntgen istiyorum.
   I want an X-ray.
   /ay wont ın 'iksrey/

Diğer testler için hastaneye gitmelisiniz.
   You must go to hospital for more tests.
   /yu mast gou tu 'ho dı 'hospitıl fo: mo: tests/

Sırtım ağrıyor.
   My back hurts.
   /may bek hö:ts/

İyi uyuyor musunuz?
   Do you sleep well?
   /du yu sli:p wel/

Grip (bronşit ...) olmuşsunuz.
   You've got flu (bronchitis ...).
   /yuv got flu: (bron'kaytis ...)/

İştahınız nasıl?
　How's your appetite?
　/hawz yo: 'epitayt/

Tansiyonunuza bakacağım.
　I'll take your blood pressure.
　/ayl teyk yo: 'blad 'preşı/

Kan (idrar ...) örneği istiyorum.
　I want a sample of blood (urine ...).
　/ay wont ı 'sa:mpıl ov blad ('yu:ırin ...)/

Şiddetli bir nezleye tutuldum.
　I've had a bad cold.
　/ayv hed ı bed kould/

Rahat nefes alamıyorum.
　I can't breathe easily.
　/ay ka:nt bri:d i:zili/

Başım (midem ...) ağrıyor.
　I have a head (stomach ...) ache.
　/ay hev ı hed ('stamık ...) eyk/

Bacağımı (kolumu, boynumu...) oynatamıyorum.
　I can't move my leg (arm, neck ...).
　/ay ka:nt mu:v may leg (a:m, nek ...)/

Kolumu incittim.
I've injured my arm.
/ayv 'ıncıd may a:m/

Bacağım kırıldı.
I've broken my leg.
/ayv 'broukın may leg/

Ayağım burkuldu.
I've twisted my foot.
/ayv 'twistıd may fu:t/

Korkarım bir kırık var.
I'm afraid there's a fracture.
/aym ıfreyd deıriz ı 'frekçı/

Çok çabuk terliyorum.
I sweat easily.
/ay swet i:zili/

İştahım yok.
I have no appetite.
/ay hev nou 'epıtayt/

Fazla önemli değil.
It's nothing serious.
/its 'nating 'sıırııs/

Sigara içmeyin.
   You mustn't smoke.
   /yu masınt smouk/

Alkol almayın.
   You mustn't drink.
   /yu masınt drink/

Üç gündür bir şey yemedim.
   I haven't eaten anything for three days.
   /ay hevınt i:tın 'eniting fo: tri: deyz/

Ameliyat olmanız gerek.
   You have to have an operation.
   /yu hev tu hev ın 'opıreyşın/

Size bir iğne yapacağım.
   I'll give you an injection.
   /ayl giv yu ın 'incekşın/

Sigara içebilir miyim?
   Can I smoke?
   /ken ay smouk/

Yakında iyileşeceksiniz.
   You'll get well soon.
   /yuıl get wel su:n/

Perhiz yapmam gerekir mi?
  Do I have to diet?
  /du ay hev tu dayıt/

Kesinlikle rejim yapmalısınız.
  You will have to keep to a strict diet.
  /yu wil hev to ki:p tu ı strikt 'dayıt/

Size bir hap (şurup ...) vereceğim.
  I'll give you a pill (syrup ...)
  /ayl giv yu ı pil ('sırı ...)/

Bundan günde iki defa (üç defa) alın.
  Take this twice (three times) a day.
  /teyk dis tways (tri: taymz) ı dey)/

Yemeklerden önce. (Aç karnına.)
  Before meals.
  /bi:'fo: miılz/

Yemeklerden sonra. (Tok karnına)
  After meals.
  /'a:ftı miılz/

İstirahate ihtiyacınız var.
  You need a rest.
  /yu ni:d ı rest/

Birkaç gün için evde istirahat etmelisiniz.
  You must rest at home for a few days.
  /yu mast rest et houm fo: ı fyu: deyz/

Bugün kendinizi nasıl hissediyorsunuz?
  How do you feel today?
  /haw du yu fi:l tı'dey/

Bugün daha iyiyim, teşekkür ederim.
  I'm better today, thank you.
  /aym betı tı'dey 'tenk yu/

... gün yataktan çıkmamalısınız.
  You will have to stay in bed for ... days.
  /yu wil hev tı stey in bed fo: ... deyz/

Bir hafta sonra tekrar gelin.
Come back in a weeks's time.
/kam bek in ı wi:ks taym/

Acı (baharatlı) yemeyin.
You mustn't eat spicy food.
/yu masınt i:t spaysi fu:d/

Çok teşekkür ederim, doktor; borcum ne kadar?
Thank you very much doctor; how much do I owe?
/tenk yu 'veri maç 'doktı haw maç du ay ou/

SÖZCÜKLER

ağrı	ache /eyk/
aksırık	sneeze /sni:z/
alerji	allergy /'elıci/
ameliyat	operation /opı'reyşın/
anemi	anaemia /ı'ni:miı/
apandisit	appendicitis /'ıpendisaytiz/
apse	abscess /'ebses/
ateş (hastalık)	fever /'fi:vı/
baş ağrısı	headache /'hedeyk/
baş dönmesi	dizziness /'dizinis/
boğaz ağrısı	sore throat /so: trout/
böbrek taşları	kidney-stones /'kidnistounz/
böcek sokması	insect bite /'insekt bayt/
bronşit	bronchitis /bron'kaytis/
bulaşıcı	infectious /in'fekşıs/
burun kanaması	nose bleeding /nouz 'bli:ding/
cilt hastalığı	skin disease /skin di'zi:z/
çıban	boil /boyl/
çiçek hastalığı	smallpox /'smo:lpoks/
çürük	bruise /bru:z/
deniz tutması	sea-sickness /si:siknis/
difteri	diphtheria /dif'tiriı/
dispanser	dispensary /di'spensıri/
diş ağrısı	toothache /'tu:teyk/
diyet	diet /'dayıt/
dizanteri	dysentery /'disntri/
doktor	doctor /'doktı/
grip	flu /flu:/
güneş çarpması	sunstroke /'sanstrouk/
güneş yanığı	sunburn /'sanbö:n/
hasta	patient /'peyşınt/
hastalık	illness /'ilnis/
hastane	hospital /'hospitl/

hazımsızlık	indigestion /indi'cesçın/
hemoroit	hemorrhoid /'hemıroyd/
hemşire	nurse /nö:s/
iğne	injection /in'cekşın/
ilaç	medicine /'medsin/
iltihap	inflammation /inflı'meyşın/
inme	heart attack /ha:t ı'tek/
ishal	diarrhoea /'dayırıı/
iştah	appetite /'epitayt/
kabakulak	mumps /mamps/
kabızlık	constipation /konsti'peyşın/
kan zehirlenmesi	blood poisoning /blad 'poyzning/
kangren	gangrene /'gengri:n/
kanser	cancer /'kensı/
kesik	cut /kat/
kızamık	measles /'mi:zılz/
kızıl	scarlet fever /'ska:lit fi:vı/
kist	cyst /sist/
klinik	clinic /'klinik/
kolera	cholera /'kılırı/
koma	coma /'koumı/
kramp	cramp /kremp/
kuduz	rabies /'reybi:z/
kusma	vomiting /'vomiting/
mide ağrısı	stomachache /'stamıkeyk/
migren	migraine /'mi:greyn/
muayene	examination /igzemi'neyşın/
muayenehane	surgery /'sö:cıri/
nabız	pulse /pals/
nefes	breath /bret/
nöbet, kriz	attack /ı'tek/
öksürük	cough /kof/
reçete	prescription /pris'kripşın/
romatizma	rheumatism /'ru:mıtizım/
röntgen	x ray /'eksrey/
sağlık	health /helt/

salgın hastalık	epidemic /epi'demik/
sara	epilepsy /'epilepsi/
sargı bezi	bandage /'bendic/
sarılık	jaundice /'co:ndis/
sedye	stretcher /'streçı/
serum	serum /'siırım/
sırt ağrısı	backache /'bekeyk/
sızı	pain /peyn/
sindirim	digestion /day'cesşın/
sivilce	acne /'ekni/
soğuk algınlığı	cold /kould/
suçiçeği	chicken pox /'çikin poks/
şırınga	syringe /si'rinc/
şiş, şişkinlik	swelling /'sweling/
tedavi	treatment /'tri:tmınt/
ter	sweat /swet/
termometre	thermometre /tı'momıtı/
teşhis	diagnosis /dayıg'nousis/
uykusuzluk	insomnia /'insomniı/
ülser	ulcer /'alsı/
verem	tuberculosis /tyubö:kyu'lousis/
yanık	burn /bö:n/
yara	wound /wund/

VÜCUT

ağız	mouth /maut/
akciğer	lung /lang/
alın	forehead /'fo:hed/
atardamar	artery /'a:tıri/
ayak	foot /fu:t/
ayak parmağı	toe /tou/
bacak	leg /leg/
bademcikler	tonsils /'tonsilz/
bağırsaklar	intestines /in'testinz/

baldır	calf /ka:f/
baş	head /hed/
bel	waist /weyst/
beyin	brain /breyn/
bez, gudde	gland /glend/
bıyık	moustache /mıs'ta:ş/
bilek	wrist /rist/
böbrek	kidney /'kidni/
burun	nose /nouz/
cilt, ten	complexion /kım'plekşn/
çene	chin /çin/
dalak	spleen /spli:n/
dalak	spleen /spli:n/
damak	palate /'pelıt/
damak	palate /'pelıt/
damar	vein /veyn/
deri	skin /skin/
dil	tongue /tang/
dirsek	elbow /'elbou/
dişeti	gums /gamz/
diz	knee /ni:/
dudak	lip /lip/
eklem	joint /coynt/
el	hand /hend/
gırtlak	throat /trout/
göbek	navel /'neyvıl/
göğüs	chest /çest/
gövde	trunk /trank/
göz	eye /ay/
gözbebeği	pupil /'pyu:pl/
gözkapağı	eyelid /'aylid/
incik	shin /şin/
iskelet	skeleton /'skelitn/
kafatası	skull /skal/
kalça	hip /hip/
kalp	heart /ha:t/

231

kan	blood /blad/
kan grubu	blood type /blad tayp/
karaciğer	liver /'livı/
karın	belly /'beli/
kas	muscle /'masıl/
kaş	eyebrow /'aybrau/
kemik	bone /boun/
kirpik(ler)	eyelash(es) /'ayleş(iz)/
kol	arm /a:m/
kulak	ear /iı/
meme	breast /brest/
mide	stomach /'stamık/
nabız	pulse /pals/
omur	vertebra /'vö:tıbrı/
omuz	shoulder /'şouldı/
organ	organ /'o:gınz/
oyun	neck /nek/
pankreas	pancreas /'penkriıs/
parmak	finger /'fingı/
pazı	biceps /'bayseps/
saç	hair /heı/
safra kesesi	gall bladder /go:l bledı/
sakal	beard /biıd/
sırt	back /bek/
sinir	nerve /nö:v/
soluk borusu	windpipe /'windpayp/
tırnak	fingernail /'fingıneyl/
topuk	heel /hi:l/
vücut	body /badi/
yanak	cheek /çi:k/
yemek borusu	oesophagus /i'sofıgıs/
yumruk	fist /fist/
yüz	face /feys/

DİŞÇİDE

Nerede iyi bir dişçi bulunur?
Where is there a good dentist?
/weız deı ı gud 'dentist/

Dişim ağrıyor.
My tooth aches.
/may 'tu:t eyks/

İyi bir dişçi biliyor musunuz?
Do you know a good dentist?
/du yu nou ı gud 'dentist/

Dişim kırıldı.
My tooth has broken off.
/may 'tu:t hez 'broukın of/

Diş sallanıyor.
The tooth is loose.
/dı 'tu:t iz lu:z/

Soğuk bir şey içince dişim ağrıyor.
My tooth aches when I drink something cold.
/may 'tu:t eyks wen ay drink 'samting kould/

Bu tarafımla hiç çiğneyemiyorum.
I can't chew on this side.
/ay ka:nt çu: on dis sayd/

Bu dişte delik var.
There's a cavity in this tooth.
/deız ı 'keviti in dis 'tu:t/

Dişlerimden biri oyuk.
One of my teeth has a cavity.
/wan ov may ti:t hez ı 'keviti/

Yukarısı (üst dişler).
Up here (the top teeth).
/ap hıı (dı top ti:t)/

Aşağısı (alt dişler).
Down here (the bottom teeth).
/daun hıı (dı 'botım ti:t)/

Bu dişi doldurtmak istiyorum.
I want to get this tooth filled in.
/ay wont tu get dis 'tu:t fild in/

Onu şimdi doldurabilir misiniz?
Can you fill it now?
/ken yu fil it nau/

Dolgu düştü.
The filling has fallen out.
/dı filing hez fo:lın aut/

Ağzınızı iyice açın, lütfen.
Open your mouth wide, please.
/oupın yo: maut wayd pli:z/

Ağzınızı çalkalayın.
Rinse your mouth.
/rins yo: maut/

Bu dişi çektirmek gerekir mi?
Do you think this tooth must come out?
/du yu tink dis 'tu:t mast kam aut/

Dolgu yapmam gerekiyor.
I have to put in a filling.
/ay hev tu put in ı filing/

Bu dişi çekmem gerekiyor.
I have to extract this tooth.
/ay hev tu iks'trekt dis 'tu:t/

İki üç saat bir şey yemeyin.
Do not eat anything for two or three hours.
/du not i:t 'eni ting fo tu: o: tri: 'auız/

SÖZCÜKLER

dişçi	dentist /'dentist/
diş	tooth /tu:t/
dişler	teeth /ti:t/
kaplama	crown /kraun/
altın kaplama	gold crown /gould kraun/
ön diş	front tooth /frant tu:t/
arka diş	back tooth /bek tu:t/
alt diş	lower tooth /louwı tu:t/
üst diş	upper tooth /apı tu:t/
kesici diş	incisor /in'sayzı/
köpek dişi	canine /'keynayn/
azı dişi	molar tooth /moulı tu:t/
köprü	bridge /bric/
delik	hole /houl/
oyuk	cavity /'keviti/
dolgu	filling /filing/
doldurmak	to fill /tu fil/
diş ağrısı	toothache /tu:teyk/
takma diş	false tooth /fo:ls tu:t/
takma dişler	false teeth /fo:ls ti:t/
diş kökü	root of the tooth /ru:t ov dı tu:t/
akıl (yirmi yaş) dişi	wisdom tooth /'wizdım tu:t/

ERKEK BERBERİNDE

Bu yakınlarda nerede iyi bir berber var?
Where is there a good barber near here?
/weı iz deı ı gud ba:bı niı hiı/

Saç tıraşı olmak istiyorum.
I want to have a haircut.
/ay wont tu hev ı heıkat/

Acelem var.
I'm in a hurry.
/aym in ı hari/

Çok bekleyecek miyim?
Must I wait long?
/mast ay weyt long/

(Çok) Kısa olsun, lütfen.
(Very) Short, please.
/(veri) şo:t pli:z/

Çok kısa olmasın, lütfen.
Not too short, please.
/not tu: şo:t pli:z/

Bu kadar yeter.
That's enough.
/dets 'inaf/

Sakal tıraşı, lütfen.
Shave, please.
/şeyv pli:z/

Biraz kolonya, lütfen.
A little Eau de Cologne, please.
/ı litıl ou dö: kı'loun pli:z/

Bıyıktan biraz alınız.
Cut a little off the moustache.
/kat ı litıl of dı mı'sta:ş/

Arka ve yanlar kısa olsun.
Short back and sides.
/şo:t bek end saydz/

Yanlar uzun olsun.
Long at sides.
/long et saydz/

Çok fazla kısaltmayın.
Don't cut it too short.
/dount kat it tu: şo:t/

Sakalımı (bıyığımı) düzeltir misiniz?
Can you trim my beard (moustache)?
/ken yu trim may bııd (mı'sta:ş)/

Lütfen saçımı yıkayınız.
Please wash my hair.
/pli:z woş may heı/

Ortadan ayırınız, lütfen.
Part it in the middle, please.
/pa:t it in dı midıl pli:z/

Saçıma bir şey sürmeyiniz.
Don't put anything on my hair.
/dount put 'eniting on may heı/

Borcum ne kadar?
How much do I owe?
/haw maç du ay ou/

SÖZCÜKLER

bahşiş	tip /tip/
bıyık	moustache /mı'sta:ş/
briyantin	brillantine /brilyın'ti:n/
dalgalı (saç)	wavy (hair) /weyvi (heı)/
deodoran	deodorant /di:'oudırınt/
düz (saç)	straight (hair) /streyt (heı)/
favori	sideboards /'saydbo:dz/
jilet	safety-razor /'seyfti 'reyzı/
jilet bıçağı	razor blade /'reyzı bleyd/
kepek	dandruff /'dendraf/
kesmek	to cut /tu kat/
kısaltmak	to shorten /tu şo:tın/
kıvırcık (saç)	curly (hair) /kö:li (heı)/
kolonya	Eau de Cologne /ou dö: kı'loun/
peruk	wig /wig/
sabun	soap /soup/
saç	hair /heı/
saç fırçası	hair brush /heı braş/
saç kurutma makinesi	hair dryer /heı drayı/
saç tıraşı	haircut /heıkat/
sakal	beard /bııd/
sakal tıraşı	shave /şeyv/
sarı (saç)	blonde (hair) /blond (heı)/
şampuan	shampoo /şem'pu:/
taramak	to comb /tu koum/
tıraş losyonu	after shave /'aftı şeyv/
ustura	razor /reyzı/

KADIN BERBERİNDE

Acelem var. Çok bekleyecek miyim?
I'm in a hurry. Must I wait long?
/aym in ı hari mast ay weyt long/

Ne kadar bekleyeceğim?
How long must I wait?
/haw long mast ay weyt/

Saç yıkama, lütfen.
Hairwash, please.
/'heıwoş pli:z/

Akşam için saçımı yaptırmak istiyorum.
I'd like a hairdo for the evening.
/ayd layk I 'heıdu fı di 'i:vning/

Saçımı kestirmek istiyorum.
I'd like to have my hair cut.
/ayd layk tı hev may heı kat/

Lütfen arkadan biraz kesiniz.
Please cut a little off the back.
/pli:z kat ı litıl of dı bek/

Saçımı siyaha (kumrala ...) boyatmak istiyorum.
   I want my hair dyed black (light brown ...).
   /ay wont may heı dayd blek (layt braun ...)/

Bu çok açık (koyu).
   This is too light (dark).
   /dis iz tu: layt (da:k)/

Manikür (pedikür), lütfen.
   Manicure (pedicure), please.
   /'menikiu: ('pedikiu:) pli:z/

Kısa bir saç modeli istiyorum.
   I want a short hair style.
   /ay wont ı şo:t heı stayl/

Biraz daha kesebilir misiniz, lütfen?
   Could you cut it a bit shorter, please?
   /kud yu kat it ı bit 'şo:tı pli:z/

Sadece uçlarından alın, lütfen.
   Just trim the ends, please.
   /cast trim di endz pli:z/

Perma yaptırmak istiyorum.
   I'd like a perm.
   /ayd layk ı pö:m/

SÖZCÜKLER

ayna	mirror /mırı/
bahşiş	tip /tip/
bukle	curl /kö:l/
cila	polish /poliş/
dalga	wave /weyv/
dalgalı (saç)	wavy (hair) /weyvi (heı)/
deodoran	deodorant /di:'oudırınt/
düz (saç)	straight (hair) /streyt (heı)/
far	eye shadow /ay 'şedou/
fırça	braş /braş/
göz kalemi	eye pencil /ay 'pensıl/
güzellik salonu	beauty salon /'byu:ti 'selo:n/
kepek	dandruff /'dendraf/
kesmek	to cut /tu kat/
kıl yokedici	hair remover /heı rimu:vı/
kısa	short /şo:t/
kısaltmak	to shorten /tu şo:tın/
kıvırcık (saç)	curly (hair) /kö:li (heı)/
kumral (saç)	fair (hair) /feı (heı)/
makas	scissors /sizız/
makyaj	make up /meyk ap/
makyaj yapmak	to make up /tu meyk ap/
manikür	manicure /'menikiu:/
oje	nail varnish /neyl va:niş/
parfüm	perfume /'pö:fyu:m/
pedikür	pedicure /'pedikiu:/
perma	perm /pö:m/
peruk	wig /wig/
pudra	powder /paudı/
ruj	lipstick /lipstik/
sabun	soap /soup/
saç biçimi	hair style /'heıstayl/
saç boyası	hair dye /heı day/

saç fırçalamak	to brush hair /tu braş heı/
saç fırçası	hair brush /heı braş/
saç fırçası	hairbrush /'heı braş/
saç köpüğü	hair foam /heı foum/
saç kremi	hair cream /heı kri:m/
saç kurutma makinesi	hair dryer /heı dra:yı/
saç tokası	hairpin /'heı pin/
saç, kıl	hair /heı/
sarı (saç)	blonde (hair) /blond (heı)/
sarışın, sarı	blonde /blond/
siyah	black /blek/
şampuan	shampoo /şem'pu:/
tarak	comb /koum/
taramak	to comb /tu koum/
tırnak	nail /neyl/
tırnak cilası	nail polish /neyl poliş/
tırnak makası	nail clippers /neyl klipız/
tırnak törpüsü	nail file /neyl fayl/
tuvalet sabunu	bath soap /ba:t soup/
uzun	long /long/
yağlı	greasy /'gri:si/

SPOR VE EĞLENCE

SPOR VE EĞLENCE

YÜZME

Burada bir plaj var mı?
 Is there a beach here?
 /iz deı ı bi:ç hiı/

Buralarda bir yüzme havuzu var mı?
 Is there a swimming pool around here?
 /iz deı ı 'swiming pu:l ıraund hiı/

Nerede yüzebiliriz?
 Where can we swim?
 /weı ken wi swim/

Su derin mi?
 Is the water deep?
 /iz dı wo:tı di:p/

247

SPOR

Bugün ... takımı ile ... takımı oynuyor.
   Today ... team is playing ... team.
   /tı'dey ... ti:m iz pleying ... ti:m/

Hangi takımı tutuyorsunuz?
   Which team do you support?
   /wiç ti:m du yu sı'po:t/

Ben ... takımını tutuyorum.
   I support ... team.
   /ay sı'po:t ... ti:m/

Futbol (basketbol ...) maçı ne zaman?
   When is the football (basketball ...) match?
   /wen iz dı 'futbo:l ('ba:skitbo:l ...) meç/

Maçı (yarışı) seyretmek istiyorum.
   I want to watch the match (race).
   /ay wont tu woç dı meç (reys)/

Maç kaç kaç? (Skor ne?)
   What's the score?
   /wots dı sko:/

Kim yeniyor?
   Who's winning?
   /hu:z wining/

SÖZCÜKLER

deniz mevsimi	bathing season /beyding si:zın/
banyo	bath /ba:t/
banyo yapmak	to have a bath /tu hev ı ba:t/
bone	bonnet /bonit/
bornoz	bath towel /ba:t tauıl/
buhar banyosu	steam bath /sti:m ba:t/
deniz	sea /si:/
duş	shower /şauwı/
duş yapmak	to have a shower /tu hev ı şauwı/
güneş	sun /san/
güneş banyosu	sunbathing /sanbeyding/
havlu	towel /tauıl/
kum	sand /send/
mayo	bathing suit /beyding su:t/
plaj	beach /bi:ç/
sıcak banyo	hot bath /hot ba:t/
soğuk banyo	cold bath /kould ba:t/
yüzmek	to swim /tu swim/

MÜZİK, DANS

Nerede dans edebiliriz?
　Where can we dance?
　/weı ken wi da:ns/

Bu akşam bir şey yapıyor musunuz?
　Are you doing anything this evening?
　/a: yu 'duing 'eniting dis 'iv:ning/

Burada nerede bir gece kulübü var?
　Where is there a night club here?
　/weı iz deı ı nayt klab hiı/

Size ... ya davet edebilir miyim?
　May I invite you to ...?
　/mey ay in'vayt yu tu .../

Nerede buluşalım?
　Where shall we meet?
　/weı şel wi mi:t/

Çok iyi dansediyorsunuz.
　You dance very well.
　/yu da:ns 'veri wel/

... da buluşalım mı?
  Shall we meet at ...?
  /şel wi mi:t et .../

... nın önünde buluşalım.
  Let's meet in front of ...
  /lets mi:t in frant ov .../

Saat kaçta buluşalım?
  What time shall we meet?
  /wot taym şel wi mi:t/

Buralarda bir diskotek var mı?
  Is there a disco here?
  /iz deı ı 'diskou hiı/

Dans etmeyi sever misiniz?
  Do you like dancing?
  /du yu layk da:nsing/

Dans etmiyor musunuz?
  Aren't you dancing?
  /a:nt yu da:nsing/

Benimle dans eder misiniz?
  Would you like to dance with me?
  /wud yu layk tı da:ns wit mi/

Teşekkür ederim, dans etmiyorum.
　　Thank you, I don't dance.
　　/'tenk you ay dount da:ns/

Bir daha dans edelim mi?
　　Shall we have another dance?
　　/şel wi hev ı'nadı da:ns/

Eğleniyor musunuz?
　　Are you enjoying yourself?
　　/a: yu in'coying yo:self/

Çok iyi vakit geçirdik.
　　We had a great time.
　　/wi hed ı greyt taym/

252

Bir sigara alır mıydınız?
   Would you like a cigarette?
   /wud yu layk ı sigı'ret/

Hayır, sağ olun, kullanmıyorum. (Sigara içmiyorum.)
   No, thank you, I don't smoke.
   /nou tenk yu ay dount smouk/

Size eve bırakabilir miyim?
   Can I take you home?
   /ken ay teyk yu houm/

Tekrar ne zaman görüşebiliriz?
   When can we meet again?
   /wen ken wi mi:t ı'gen/

Bu güzel akşam için çok teşekkür ederim.
   Thank you very much for the pleasant evening.
   /tenk yu 'veri maç fo: dı 'plezınt 'i:vning/

Partide iyi vakit geçirdiniz mi?
   Did you have a good time at the party?
   /did yu hev ı gud taym et dı pa:ti/

lügatçe

A

abanoz	ebony /'ebıni/
acele etmek	hurry /'hari/
acı biber	hot pepper /hot 'pepı/
acıkmak	be hungry /bi hangri/
acımasız	heartless /'ha:tlıs/
açgözlü	greedy /'gri:di/
açı	angle /'engıl/
açık	open /'oupın/
açık (renk)	light (colour) /layt 'kalı/
açıklamak	explain /ik'spleyn/
açıksözlü	frank /frenk/
açmak (ışık)	switch (turn) on /swiç (tö:n) on/
açmak	open /oupın/
ada	island /'aylınd/
adamak	devote /di'vout/
adım atmak	step /step/
adil, dürüst	just /cast/
adliye	court /ko:t/
adres	address /'ıdres/
aerobik	aerobatics /'eırıbetiks/
affetmek	forgive /fı'giv/
Afganistan	Afghanistan /efgeni'sta:n/
Afrika	Africa /'efrikı/
ağaçkakan	woodpecker /'wudpekı/
ağız	mouth /maut/
ağız mızıkası	mouth organ /maut 'o:gın/
ağlamak	cry, weep /kray, wi:p/
ağrı	ache /eyk/
ağrı kesici	pain-killer /peyn kilı/
ağustos	August /'o:gıst/

ahçı	cook /kuk/
ahtapot	octopus /'oktıpıs/
aile	family /'femıli/
ait olmak	belong to /bi'long tu/
ajanda	diary /'dayıri/
akademi	academy /ı'kedımi/
akbaba	vulture /'valçı/
akciğer	lung /lang/
akıllı	clever /'klevı/
akik	agate /'egıt/
aklı başında	sensible /'sensıbıl/
akmak (sıvı)	flow /flou/
akordiyon	accordion /ı'ko:diın/
akraba	relation /ri'leyşın/
akrep	scorpion /'sko:pıın/
aks	axle /'eksıl/
aksesuar	accessory /ık'sesıri/
aksırık	sneeze /sni:z/
akşam	evening /i:vning/
aktarma	change /çeync/
aktör	actor /'ektı/
aktris	actress /'ektris/
akustik gitar	acoustic guitar /ı'ku:stik gi'ta:/
akü	battery /'betıri/
alabalık	trout /traut/
alacakaranlık	twilight /'twaylayt/
alay etmek	make fun of /meyk fan ov/
alçakgönüllü	humble /'hambıl/
aldırmak	mind /maynd/
aldırmamak	ignore /ig'no:/
alerji	allergy /'elıci/
alet	tool /tu:l/
alet kutusu	tool box /tu:l 'boks/
alıcı	receiver /risi:vı/

alın	forehead /'fo:hed/
alışveriş merkezi	shopping centre /'şoping sentı/
alkış	applause /ı'plo:z/
alkışlamak	applaud /ı'plo:d/
alkollü içki	alcoholic drink /elkı'holik drink/
almak	take, get /teyk, get/
Alman markı	German mark /'cö:mın ma:k/
Almanca	German /'cö:mın/
Almanya	Germany/'cö:mıni/
alt	bottom /'botım/
altgeçit	underpass /'andıpa:s/
altı	six /siks/
altın	gold /gould/
altın kaplama	gold plated /'gould'pleytid/
altın rengi	golden /'gouldın/
altıncı	sixth /sikst/
altında, altına	under /andı/
altimetre	altimetre /'eltimi:tı/
altmış	sixty /'siksti/
altmışıncı	sixtieth /'sikstiıt/
alyans	wedding ring /'weding ring/
amatör	amateur /'emıtı/
amber	amber /'embı/
ambulans	ambulance /'embyulıns/
amca, dayı	uncle /'ankıl/
ameliyat	operation /opı'reyşın/
Amerika	the States /dı steyts/
Amerikan doları	American dollar /'ımerikın doh/
Amerikan salatası	Russian salad /'raşın 'selıd/
ametist	amethyst /'emitist/
amfibi	amphibian /em'fibiın/
amortisör	shock absorber /şok ıbso:bı/
ampul	bulb /balb/
ana cadde	main street /meyn stri:t/

ana güverte	main deck /meyn dek/
anahtar	key /ki:/
anahtarlık	key-chain /ki:çeyn/
ananas	pine apple /payn epıl/
anaokulu	kindergarten /'kindıga:tın/
anemi	anaemia /ı'ni:miı/
anıt	monument /'monyu:mınt/
anlamak	understand /andı'stend/
anlaşmak	agree /ı'gri:/
anne	mother /'madı/
anneanne	grandmother /'grenmadı/
anorak	anorak /'enırek/
anormal	abnormal /eb'no:mıl/
Antarktika	Antarctica /en'ta:ktikı/
anten	aerial /eıriıl/
antilop	antelope /'entiloup/
antiseptik	antiseptic /enti'septik/
antrenör	trainer /'treynı/
apandisit	appendicitis /'ıpendisaytiz/
apartman	apartment house /ı'pa:tmınt haus/
apse	abscess /'ebses/
aptal	stupid /'styu:pid/
ara (antrakt)	interval /'intıvıl/
araba	car, motorcar /ka:, 'moutıka:/
araba yarışı	car racing /ka: 'reysing/
arabalı vapur	ferry /'feri/
araç	vehicle /'vi:ikıl/
aralarında	among /ı'mang/
aralık	December /di'sembı/
aramak	look for /luk fo:/
arasında	between /bitwi:n/
araştırmak	search, seek /sö:ç, si:k/
ardından	after /a:ftı/

arı	bee /bi:/
Arjantin	Argentina /a:cın'ti:nı/
arka	back /bek/
arkacam	back window /bek windou/
arkadaş canlısı	friendly /frendli/
arkasında	behind /bi'haynd/
arkeolog	archaeologist /aki'olıcist/
armut	pear /peı/
Arnavutluk	Albania /el'beynıı/
arp	harp /ha:p/
artı	plus /plas/
artırmak	increase /in'kri:s/
arzu etmek	desire /di'zayı/
asi	rebellious /ri'belyıs/
asker	soldier /'soulcı/
askere almak	enlist /in'list/
asla	never /nevı/
aslan	lion /'layın/
asmak	hang /heng/
aspirin	aspirin /'espirin/
Asya	Asia /'eyşı/
aşağı	down /daun/
aşağısında	below /bi'lou/
âşık olmak	fall in love /fo:l in lav/
aşk filmi	love story /lav 'sto:ri/
at	horse /ho:s/
at arabası	cart /ka:t/
at yarışı	horse racing /ho:s 'reysing/
ata	ancestor /'ensıstı/
atardamar	artery /'a:tıri/
ataş	paper clip /'peypı klip/
ateş (hastalık)	fever /'fi:vı/
ateş etmek	shoot /şu:t/
ateşböceği	firefly /'fayıflay/

atıcılık	shooting /'şu:ting/
atlamak	jump /camp/
atlet	athlete /'etli:t/
atletizm	athletics /et'letiks/
atmaca	hawk /ho:k/
atmak	throw /trou/
atmosfer	atmosphere /'etmısfıı/
avcılık	hunting /'hanting/
avize	chandelier /şendi'lıı/
Avrupa	Europe /yuırıp/
avuç içi, aya	palm /pa:m/
avukat	lawyer /'lo:yı/
Avustralya	Australia /'ostreylıı/
Avusturya şilini	Austrian schilling /'ostrıın şiling/
ay (30/31 gün)	month /mant/
ay (gökteki)	moon /mu:n/
ayak	foot /fu:t/
ayak parmağı	toe /tou/
ayakkabı	shoes /şu:z/
ayakta durmak	stand up /stend ap/
ayarlamak	adjust /ı'cast/
aydınlık	light /layt/
aygır	stallion /'stelıın/
ayı	bear /beı/
ayıplamak	condemn /kın'dem/
ayırmak	separate /'sepıreyt/
ayırt etmek	distinguish /di'stingwiş/
ayna	mirror /'mirı/
ayran	diluted yoghurt /'daylu:tid yogıt/
ayrılmak	leave /li:v/
ayva	quince /kwins/
azaltmak	reduce, decrease /ri'dyu:s, di'kri:s/

B

baba	father /'fa:dı/
baca	chimney /'çimni/
bacak	leg /leg/
bademcikler	tonsils /'tonsilz/
badminton	badminton /'bedmintın/
bagaj	trunk, boot /trank, bu:t/
bağımsız	independent /indi'pendınt/
bağırmak	shout /şaut/
bağırsaklar	intestines /in'testinz/
bağlamak	tie /tay/
bağlantı	connection /'kınekşın/
bağnaz	narrow-minded /nerou'mayndid/
baharat	spice /spays/
bahçe	garden /'ga:dın/
bahçıvan beli	spade /speyd/
bahse girmek	bet /bet/
bakanlık	ministry /'ministri/
bakara	baccarat /bekıra:/
bakkal	grocer /'grousı/
bakla	broad beans /broud bi:nz/
balarısı	honey bee /hani bi:/
balata	brake lining /'breyk layning/
baldır	calf /ka:f/
baldız	sister-in-law /'sistırinlo:/
bale	ballet /'beley/
balık	fish /fiş/
balık etli	plump /'plamp/
balıkçı	fisherman /'fişımın/
balıkçı gemisi	trawler /'troulı/
balıkçılık	fishing /fişing/
balıketi	plump /'plamp/

263

balina	whale /weil/
balkon	balcony /'belkını/
balo	ballroom /bo:lrum/
balo salonu	ball room /'bo:lrum/
balon	balloon /bı'lu:n/
balta	axe /eks/
bamya	gumbo /gambou/
bando	band /bend/
banka	bank /benk/
bankacı	bank official /benk ıfişıl/
banliyö treni	suburban train /sı'bö:bın treyn/
banyo	bathroom /'ba:trum/
bar	bar /ba:/
barbunya	red mullet /red malit/
barbunya pilaki	red bean salad /red bi:n 'selıd/
bariton	baritone /'beritoun/
barmen	barman /'ba:mın/
barmeyd	barmaid /ba:meyd/
barometre	barometre /bı'romitı/
bas	bass /beys/
basketbol	basketball /'ba:skitbo:l/
basmak (kitap)	print /print/
bastırmak	press /pres/
baş	head /hed/
baş ağrısı	headache /'hedeyk/
baş dönmesi	dizziness /'dizinis/
baş kamarot	chief steward /çi:f styuıd/
başağrısı hapı	headache pills /'hedeyk pilz/
başaramamak	fail /feyl/
başarmak	succeed /sık'si:d/
başına gelmek	happen /'hepın/
başlama	beginning, start /bi'gining, sta:t/
başlamak	start, begin /sta:t, bi'gin/
başörtüsü	headscarf /hed ska:f/

başparmak	thumb /tam/
başrol	leading role /'li:ding roul/
batı	west /west/
batıl inançlı	superstitious /su:pı'stişıs/
batmak	sink /sink/
battaniye	blanket /'blenkit/
bavul, valiz	baggage /'begic/
Bay	Mr. /'mistı/
Bayan (bekâr)	Miss /mis/
Bayan (evli)	Mrs. /'misiz/
Bayan	Ms. /mız/
bayat	stale /'steyl/
bayılmak	faint /feynt/
baykuş	owl /aul/
bayrak	flag /fleg/
bazen	sometimes /'samtaymz/
bebek	baby /'beybi/
bebeklik	babyhood /'beybihud/
becerikli	skillful /'skilful/
beden	body /'badi/
beden eğitimi	physical education /'fizikıl ecı'keyşın/
bej	beige /beyj/
bekâr	single, bachelor /'singıl, 'beçılı/
bekleme salonu	waiting room /'weyting rum/
beklemek	wait /weyt/
bel	waist /weyst/
Belçika	Belgium /'belcım/
belediye binası	town hall /taun ho:l/
belgesel	documentary /dokyu'mentıri/
bemol	flat /flet/
ben	beauty spot /'byu:itispot/
bencil	selfish /selfiş/
benzemek	look like /luk layk/

265

benzin filtresi	petrol filter /'petrıl filtı/
benzin istasyonu	petrol station /petrıl 'steyşın/
benzin pompası	petrol pump /'petrıl pamp/
benzin tankeri	tanker /'tenkı/
beraberlik	draw /dro:/
berbat, rezil	awful /'o:fıl/
berber	barber /ba:bı/
beslemek	feed /fi:d/
besteci	composer /kım'pouzı/
beş	five /fayv/
beş yıldızlı otel	five star hotel /fayv sta: hou'tel/
beşinci	fifth /fift/
beyaz	white /wayt/
beyaz perde	white screen /wayt skri:n/
beyaz peynir	white cheese /wayt çi:z/
beyaz şarap	white wine /wayt wayn/
beyin	brain /breyn/
beyin salatası	brain salad /'breyn 'selıd/
beyin tava	fried brain /frayd 'breyn/
beyzbol	baseball /'beysbo:l/
bez, gudde	gland /glend/
bezelye	peas /pi:z/
bezelye çorbası	pea soup /pi: su:p/
bıçak	knife /nayf/
bıyık	moustache /mıs'ta:ş/
biber	pepper /pepı/
biber turşusu	pickled peppers /'pikıld 'pepız/
biberlik	pepperpot /'pepıpot/
biçim	style /'stayl/
biçim vermek	form /fo:m/
biftek	steak /steyk/
bikini	bikini /bi'kini/
bilardo	billiards /'bilyıdz/
bildirmek	report /ri'po:t/

bilek	wrist /rist/
bilek güreşi	wrist wrestling /rist resling/
bilet	ticket /'tikit/
bilezik	bracelet /'breyslit/
bilgi almak	inquire /in'kwayı/
bilgilendirmek	inform /in'fo:m/
bilgili	learned /'lö:nd/
bilgisayar	computer /kım'pyu:tı/
bilim adamı	scientist /'sayıntist/
bilim kurgu	science fiction /sayns fikşın/
bilmek	know /nou/
bin	one thousand /wan 'tauzınd/
binicilik	horse riding /ho:s rayding/
bininci	one thousandth /wan 'tauzındt/
binmek (at, bisiklet)	ride /rayd/
binmek (oto)	get on /get on/
bir	one /wan/
bira	beer /biı/
birahane	pub /pab/
birey	individual /indi'vicu:ıl/
birinci	first /fö:st/
birinci kat	first floor /fö:st flo:/
birinci mevki	first class /fö:st kla:s/
birleştirmek	join, unite /coyn, yu:nayt/
bisiklet	bicycle /'baysikıl/
bit	louse /laus/
bitirmek	finish, end /'finiş, end/
biyoloji	biology /bay'olıci/
bizon	bison /'baysın/
blöf yapmak	bluff /blaf/
blucin	bluejeans /'blu:ci:nz/
blucin kumaşı	denim /'denim/
bluz	blouse /blauz/
bodur	thickset /tik'set/

boğa	bull /bul/
boğaz	strait /streyt/
boğaz ağrısı	sore throat /so: trout/
boğulmak	drown /draun/
boks	boxing /'boksing/
bol (elbise)	loose /lu:z/
Bolivya	Bolivia /bı'liviı/
boncuk	beads /bi:dz/
bonfile	fillet of beef /'filit ov bi:f/
bora	gale /geyl/
borçlu olmak	owe /ou/
bornoz	bathrobe /'ba:troub/
borsa	stock exchange /stok iks'çeync/
boş	empty /'empti/
boşaltmak	empty /'empti/
boy	length /lengt/
boya	paint /peynt/
boya fırçası	paint brush /peynt braş/
boyacı	house painter /haus 'peintı/
boyalı	dyed /dayd/
boyamak	paint /peynt/
boyunca	along /ı'long/
bozuk para	small change /smo:l çeync/
böbrek	kidney /'kidni/
böbrek taşları	kidney-stones /'kidnistounz/
böbürlenmek	boast /boust/
böcek	bug /bag/
böcek sokması	insect bite /'insekt bayt/
böf strogonof	beef strogunoff /bi:f 'stro:gınof/
böğürtlen	blackberry /blekbıri/
bölmek	divide /di'vayd/
bölü	divided by /di'vaydid bay/
börülce	black-eyed beans /blekayd bi:nz/

brendi	brandy /brendi/
Brezilya	Brazil /brı'zil/
briç	bridge /bric/
bronşit	bronchitis /brong'kaytis/
bronz	bronze /bronz/
Brüksel lahanası	broccoli /brokıli/
bufalo	buffalo /'bafılou/
bugün	today /tı'dey/
buğulama	steamed /sti:md/
buharlı gemi	steamer /sti:mı/
buji	spark plug /'spa:k plag/
bukalemun	chameleon /kı'mi:liın/
bulaşıcı	infectious /in'fekşıs/
bulaşık makinesi	dish washer /diş woşı/
buldok	bulldog /'buldog/
Bulgaristan	Bulgaria /bal'geırii/
bulgur pilavı	cracked wheat pilaf /krekd wi:t pilef/
bulmak	find /faynd/
buluşmak	meet /mi:t/
bulut	cloud /klaud/
bulutlu	cloudy /'klaudi/
bulvar	avenue /'evınyu:/
burun	nose /nouz/
burun kanaması	nose bleeding /nouz 'bli:ding/
buz	ice /ays/
buz hokeyi	ice hockey /ays hoki/
buzdağı	iceberg /aysbö:g/
buzdolabı	refrigerator /ri'fricıreytı/
buzlu çay	minted ice tea /'mintid ays ti:/
buzul	glacier /'glesiı/
büfe	buffet /bufey/
bükmek, eğmek	bend /bend/
bülbül	nightingale /'naytingeyl/

büyük	big /big/
büyük mağaza	department store /di'pa:tmınt sto:/
büyüleyici	fascinating /'fesineyting/
büyümek	grow /grou/

C

cadde	street /stri:t/
cahil, bilgisiz	ignorant /'ignırınt/
camcı	glazier /'gleyziı/
cami	mosque /mosk/
can atmak	long for /long fo:/
can simidi	life buoy /'layf boy/
can yeleği	life-jacket /'layfcekit/
canı istemek	feel like /fi:l layk/
canını sıkmak	bore /bo:/
canlı	alive /ı'layv/
cazibeli	attractive /ı'trektiv/
cebir	algebra /'elcibrı/
ceket	jacket /'cekit/
cenaze	funeral /'fyu:nırıl/
cereyan	draught /dra:ft/
cerrah	surgeon /'sö:cın/
cesaret etmek	dare /deı/
ceset	corpse /ko:ps/
cesur	brave /breyv/
cetvel	ruler /'ru:lı/
cevap	answer /'a:nsı/
cevap vermek	answer, reply /a:nsı, ri'play/
ceylan	gazelle /gı'zel/
ceza	fine /fayn/
Cezayir	Algeria /el'ciırıı/
cezve	coffee pot /'kofi pot/

cılız	skinny /'skini/
cımbız	tweezers /'twi:zız/
cırcırböceği	cricket /'krikit/
ciğer	liver /'livı/
cilt hastalığı	skin disease /skin di'zi:z/
cilt, ten	complexion /kım'plekşın/
cimnastik	gymnastics /cim'nestiks/
cin	gin /cin/
cinsiyet	sex /seks/
cirit (polo)	polo /polou/
cirit atma	javelin throw /'cevlin trou/
civciv	chick /çik/
coğrafya	geography /ci'ogrıfi/
conta	joint /coynt/
cuma	Friday /'fraydi/
cumartesi	Saturday /'setıdi/
cüzdan (erkek)	wallet /wolit/
cüzdan (kadın)	purse /pö:s/

Ç

Çad	Chad /çed/
çağ, devir	age /eyc/
çağırmak	call /ko:l/
çakal	jackal /'ceko:l/
çakı	penknife /'pen nayf/
çakmak	lighter /laytı/
çalar saat	alarm clock /ı'la:m klok/
çalıkuşu	wren /ren/
çalışkan	hard-working /ha:d 'wö:king/
çalışma izni	work permit /wö:k pö:mit/
çalışma odası	study /'stadi/
çalışmak	work /wö:k/
çalmak (müzik)	play /pley/

çalmak (zil)	ring /ring/
çalmak, aşırmak	steal /sti:l/
çamaşır makinesi	washing machine /'woşing mı'şi:n/
çamurluk	mudguard /'madga:d/
çapa	anchor /'enkı/
çarpmak (mat)	multiply by /'maltiplay bay/
çarşaf	bedsheet /bedşi:t/
çarşamba	Wednesday /'wenzdi/
çarter uçağı	charter plane /'ça:tıpleyn/
çatal	fork /fo:k/
çatı	roof /ru:f/
çay	tea /ti:/
çay bardağı	tea glass /'ti:gla:s/
çaydanlık	teapot /'ti:pot/
çekici	attractive /ı'trektiv/
çekiç	hammer /'hemı/
çekirge	grasshopper /'gra:shopı/
çekmek	pull /pul/
çello	cello /'çelou/
çene	chin /çin/
çengelliiğne	safety pins /'seyfti pinz/
çerçeve	frame /freym/
çevirme	spit roasted /spit 'roustıd/
çıban	boil /boyl/
çıkış	exit /'eksit/
çıtçıt	press stud /pres stad/
çiçek hastalığı	smallpox /'smo:lpoks/
çiçekçi	florist /'flo:rist/
çift	pair /peı/
çiftçi	farmer /'fa:mı/
çiftler	doubles /'dabılz/
çiğ	raw /ro:/
çiğdem	crocus /'kroukıs/

çil	freckle /'frekıl/
çilek	strawberry /stro:bıri/
çilingir	locksmith /'loksmit/
Çin	China /'çaynı/
çirkin	ugly /'agli/
çiroz	dried mackerel /drayd 'mekrıl/
çit	fence /fens/
çita	cheetah /'çi:tı/
çivi	nail /neyl/
çiy, şebnem	dew /dyu:/
çizgi	line /layn/
çizgi film	cartoon /ka:'tu:n/
çizgili	striped /'straypt/
çizim	drawing /dro:ing/
çizme	boots /bu:ts/
çizmek	draw /dro:/
çoban	shepherd /şepıd/
çocuk	child /çayld/
çocuk bezi	nappies /'nepi:z/
çocuklar	children /'çildrın/
çocukluk	childhood /'çayldhud/
çok güzel	beautiful /'byu:tifıl/
çorap (uzun)	stockings /'stokingz/
çorap	socks /soks/
çorba	soup /su:p/
çöl	desert /'dezıt/
çöp sepeti	waste bin /'weystbin/
çözmek	solve /solv/
çulluk	woodcock /'wudkok/
çürük	bruise /bru:z/

D

dağ	mountain /'mauntın/

dağcılık	mountaineering /'mauntiniıring/
dağıtmak	distribute /di'stribyu:t/
dahil etmek	include /in'klu:d/
daima	always /'o:lweyz/
daire	flat /flet/
dakika	minute /'minit/
daktilo	typewriter /tayp'raytı/
daktilo etmek	type /tayp/
dalak	spleen /spli:n/
dalga	wave /weyv/
dalgın	absent-minded /ebsınt'mayndıd/
dalmak	dive /dayv/
dama	draughts /'dra:fts/
damak	palate /'pelıt/
damar	vein /veyn/
damat	bridegroom /'braydgrum/
damla	drop /'drop/
dana file	fillet of veal /'filit ov vi:l/
dana pirzola	veal cutlets /'vi:l 'katlits/
danışma	information /infı'meyşın/
danışma bürosu	information office /infı'meyşın ofis/
danışmak	consult /kın'salt/
danışman	consultant /kın'saltınt/
Danimarka	Denmark /'denma:k/
dans	dance /da:ns/
dans orkestrası	danceband /da:nsbend/
dansetmek	dance /da:ns/
dansöz, dansçı	dancer /da:nsı/
dantel	lace /leys/
dar (elbise)	tight /tayt/
dar	narrow /'nerou/
dar açı	acute angle /'ıkyu:t 'engıl/

davet etmek	invite /in'vayt/
davranmak	behave /bi'heyv/
davul	drum /dram/
debriyaj	clutch /klaç/
debriyaj diski	clutch plate /klaç pleyt/
debriyaj pedalı	clutch pedal /klaç pedıl/
dede	grandfather /'grenfa:dı/
defter	notebook /'noutbuk/
değerli taş	precious stone /'preşıs stoun/
değiştirmek	change /çeync/
dekatlon	decathlon /'diketlon/
dekor	set, scenery /set, 'si:nıri/
dekoratör	decorator /'dekıreytı/
deli, çılgın	mad, crazy /med, 'kreyzi/
delikli zımba	hole punch /houl panç/
demir testeresi	hacksaw /'hekso:/
demiryolu	railway /'reylwey/
demiryolu geçidi	train crossing /'treyn krosing/
denemek	try /tray/
denetlemek	inspect /in'spekt/
deneyimli	experienced /ik'spirıınst/
denge aleti	balance beam /'belıns bi:m/
deniz	sea /si:/
deniz feneri	lighthouse /'laythaus/
deniz kazası	shipwreck /'şiprek/
deniz tarağı	clam /klem/
deniz tutması	sea-sickness /si:siknis/
deniz tutulması	seasickness /'si:siknis/
denizaltı	submarine /sabmı'ri:n/
denizanası	jellyfish /'celifiş/
denizatı	sea horse /si: 'ho:s/
denizci	sailor /'seylı/
deniztarağı	clam /klem/
deodoran	deodorant /di:'oudırınt/

depozito	deposit /di'pozit/
dere	brook /bruk/
derece	temperature /'tempriçı/
deri (cilt)	skin /skin/
deri (post)	leather /'ledı/
deri takım	leather suit /'ledı su:t/
derin	deep /di:p/
derin dondurucu	deep-freeze /di:p'fri:z/
derinlik	depth /dept/
derli toplu	tidy /'taydi/
ders	lesson /'lesın/
desen	design /di'zayn/
desenli	patterned /'petınd/
desteklemek	assist /ı'sist/
devam etmek	continue /kın'tinyu:/
deve	camel /'kemıl/
devekuşu	ostrich /'ostric/
devlet okulu	state school /steyt sku:l/
dezenfektan	disinfectant /disin'fektınt/
dış kamara	outside cabin /'autsayd 'kebin/
dışında	outside /'autsayd/
difteri	diphtheria /dif'tirıı/
dikdörtgen	rectangle /'rektengıl/
dikiş makinesi	sewing machine /'souing mı'şi:n/
dikiz aynası	rear mirror /'riı'mirı/
dikkat etmek	notice /'noutis/
dikkatli	careful /'keıfıl/
dikkatsiz	careless /'keılıs/
dikmek	sew /sou/
dil	tongue /tang/
dilbalığı	sole /soul/
dilemek	wish /wiş/
dilim	slice /slays/

dilsiz	dumb /dam/
dinamo	dynamo /'daynımou/
dindar	religious /ri'licıs/
dindirmek (acı)	relieve /ri'li:v/
dinlemek	listen /'lisın/
dinlenmek	rest /rest/
diploma	diploma /di'ploumı/
direksiyon mili	steering column /'stiıring 'kolım/
dirsek	elbow /'elbou/
disk atma	diskus throw /diskıs trou/
disk jokey	disc jockey /'disk coki/
dispanser	dispensary /di'spensıri/
distribütör	distributor /di'stribyutı/
diş ağrısı	toothache /'tu:teyk/
diş fırçası	toothbrush /'tu:tbraş/
diş macunu	toothpaste /'tu:tpeyst/
dişçi	dentist /'dentist/
dişeti	gums /gamz/
diyet	diet /'dayıt/
diyez	sharp /şa:p/
diz	knee /ni:/
diz çökmek	kneel /ni:l/
dizanteri	dysentery /'disıntri/
dizi film	serial /'siıriıl/
doğmak	be born /bi bo:n/
doğramak	saw /so:/
doğu	east /i:st/
doğum	birth /bö:t/
doğum günü	birthday /'bö:tdey/
doğum yeri	place of birth /pleys ov bö:t/
doksan	ninety /'naynti/
doksanıncı	ninetieth /'nayntiıt/
doktor	doctor /'doktı/

dokumak	weave /wi:v/
dokunmak	touch /taç/
dokuz	nine /nayn/
dokuzuncu	ninth /naynt/
dolap	cupboard /'kabıd/
doldurmak	fill /fil/
dolma	stuffed /'staft/
dolmakalem	fountain pen /'fauntin pen/
dolmuş	shared taxi /'şeıd 'teksi/
dolmuş durağı	shared taxi-stop /'şeıd teksi stop/
dolu	full /ful/
domates	tomato /tıma:tou/
domates çorbası	tomato soup /tı'ma:tou su:p/
domates salatası	tomato salad /tı'ma:tou 'selıd/
domates suyu	tomato juice /tıma'tou cu:s/
domates turşusu	pickled tomatoes /'pikıld tı'ma:touz/
domuz	pig /pig/
don	frost /frost/
dondurma	ice cream /ayskri:m/
dosya	file /fayl/
dosya kâğıdı	writing paper /'rayting peypı/
dökmek	pour, spill /po:, spil/
dönem, sömestr	semester /si'mestı/
dönmek	turn /tö:n/
dördüncü	fourth /fo:t/
dört	four /fo:/
dört motorlu	four-engined /fo:r'encind/
dörtte bir	quarter /'kwo:tı/
döviz kuru	exchange rate /iks'çeync reyt/
dövmek	beat /bi:t/
dövüşmek	fight /fayt/
dram	drama /'dra:mı/

dua etmek	pray /prey/
dubleks	duplex /'du:pleks/
dudak	lip /lip/
dul (erkek)	widower /'widouı/
dul (kadın)	widow /'widou/
durmak	stop /stop/
duş	shower /'şauı/
dut	mulberry /malbıri/
duvar	wall /wo:l/
duvar saati	clock /klok/
duyurmak	announce /ı'nauns/
düdüklü tencere	pressure cooker /'preşıkukı/
düğme	button /'batın/
dün	yesterday /'yestıdi/
Dünya	Earth /ö:t/
düşmek	fall /fo:l/
düşünmek	think /tink/
düşürmek	drop /drop/
düz	plain /'pleyn/
düz çizgi	straight line /streyt layn/
düzenlemek	arrange /ı'reync/
düzenli	neat /ni:t/
düzensiz	untidy /an'taydi/
düzine	dozen /'dazın/
düzleştirmek	flatten /fletın/

E

ebegümeci	mallow /melou/
ebeveyn	parents /'peırınts/
eczacı	chemist /'kemist/
eczane	chemist's /'kemists/
edebiyat	literature /'litırıçı/
edepsiz	nasty /'na:sti/

eflatun	violet /ˈvayılıt/
egemen olmak	dominate /ˈdomineyt/
egzoz borusu	exhaust pipe /igˈzost payp/
eğe	file /fayl/
eğitici film	educational film /edyuˈkeyşınıl film/
eğitmek	educate /ˈedyukeyt/
eğri	curve /köːv/
ehliyet	driving licence /ˈdrayving ˈlaysıns/
ekim	October /okˈtoubı/
ekip biçmek	cultivate /ˈkaltiveyt/
eklem	joint /coynt/
eklemek	add /ed/
ekmeklik	bread bin /bred bin/
ekonomist	economist /iˈkonımist/
ekose	checked /çekt/
ekran	screen /skriːn/
eksantrik mili	camshaft /kamşaft/
eksi	minus /ˈmaynıs/
ekspres (tren)	express (train) /ikˈspres treyn/
el	hand /hend/
el çantası	handbag /hendbeg/
el kremi	hand cream /hend kriːm/
el losyonu	hand lotion /hend ˈlouşın/
elbise	dress /dres/
elbise askısı	coat hanger /ˈkout hengı/
elbise cebi	pocket /ˈpokit/
elbise kenarı	hem /hem/
elbise kolu	sleeve /ˈsliːv/
elçilik	embassy /ˈembısi/
elde etmek	acquire, obtain /ıˈkwayı, ıbˈteyn/
eldiven	gloves /glavz/
elektrik santralı	power station /ˈpauıˈsteyşın/

elektrik süpürgesi	vacuum cleaner /'vekyuım 'kıli:nı/
elektrikçi	electrician /ilek'trişın/
eliaçık, cömert	generous /'cenırıs/
elli	fifty /'fifti/
ellinci	fiftieth /'fiftiıt/
elma	apple /epıl/
elma suyu	apple juice /'epıl cu:s/
elmas	diamond /'dayımınd/
emanet	left luggage /left lagic/
emekli	retired /ri'tayıd/
emlakçı	real estate agent /'rıil isteyt eycınt/
emmek	suck /sak/
emniyet kemeri	safety belt /'seyfti belt/
emretmek	order /'o:dı/
en	width /widt/
endişe etmek	worry /'wari/
endişeli	worried /'warid/
Endonezya	Indonesia /indı'ni:zıı/
engerek	adder /'edı/
enginar	artichoke /a:tiçouk/
enstitü	institute /'instityu:t/
erik	plum /plam/
eritmek	melt /melt/
erkek (cinsiyet)	male /meyl/
erkek	man /men/
erkek çocuk	boy /boy/
erkek kardeş	brother /'bradı/
erkekler	men /men/
erken	early /ö:li/
ertelemek	postpone /pıs'poun/
eski kafalı	old fashioned /ould 'feşınd/
eskrim	fencing /'fensing/

esmek (rüzgâr)	blow /blou/
esmer (kadın)	brunette /bru:'net/
esmer	dark /da:k/
eşarp	scarf /ska:f/
eşek	donkey /'donki/
eşekarısı	wasp /'wosp/
eşittir	equals /'i:kwılz/
eşlik etmek	accompany /ı'kampıni/
eşofman	tracksuit /'treksu:t/
et sote	saute meat /so:tey mi:t/
etek	skirt /skö:t/
Etiyopya	Ethiopia /i:ti'oupıı/
etkilemek	affect /ı'fekt/
etrafında	round /raund/
ev	house /haus/
ev hanımı	housewife /'hauswayf/
evlenmek	marry /meri/
evli	married /'merid/
evlilik	marriage /'meric/
evren	universe /'yu:nivö:s/
evye	sink /sink/
eylül	September /sep'tembı/
ezmek	crush /kraş/

F

fabrika	factory /'fektıri/
fakir, zavallı	poor /puı/
faks	fax /feks/
fakülte	faculty /'fekılti/
fanila	flannelvest /'flenılvest/
far	eye shadow /ay şedou/
far(lar)	headlights /'hedlayts/
fare	mouse /maus/

farklı olmak	differ from /difı from/
fasulye	beans /bi:nz/
fasulye pilaki	bean salad /bi:n 'selıd/
faul	foul /faul/
fayans	tile /tayl/
fazla eşya	excess luggage /ik'ses 'lagic/
felsefe	philosophy /fi'losıfi/
fen bilgisi	science /'sayıns/
feribot	ferry, ferryboat /'feri, feribout/
fermuar	zipper /zipı/
fethetmek	conquer /'konkı/
fırça	brush /braş/
fırın	oven /'avn/
fırıncı	baker /'beykı/
fırında	roasted /'roustid/
fırtına	storm /sto:m/
fırtınalı deniz	rough sea /raf si:/
fısıldamak	whisper /'wispı/
fil	elephant /'elifınt/
fildişi	ivory /'ayvıri/
Filipinler	Philippines /'filipi:nz/
Filistin	Palestine /'pelıstayn/
film	film /film/
film festivali	film festival /film 'festıvıl/
film yıldızı	film star /film sta:/
filtre	filter /'filtı/
final	final /'faynıl/
Finlandiya	Finland /'finlınd/
fitilli kadife	corduroy /'ko:dıroy/
fiyat	price /prays/
fizik	physics /'fiziks/
flamingo	flamingo /flı'mingou/
flanel	flannel /'flenıl/
flaster	plaster /'plestı/

flüt	flute /flu:t/
fok	seal /si:l/
fondöten	foundation cream /faun'deyşın kri:m/
fotoğrafçı	photographer /fı'togrıfı/
frak	tail coat /teyl kout/
Fransa	France /fra:ns/
Fransız frangı	French franc /frenç frenk/
fransız kornosu	french horn /'frenç ho:n/
Fransızca	French /'frenç/
fren	brake /'breyk/
fren kampanası	brake drum /'breyk dram/
fren pabuçları	brake shoes /'breyk şu:z/
fuar	fair /feı/
futbol	football /'futbo:l/
füme	smoked /'smoukt/

G

gabardin	gabardine /'gebıdi:n/
gala gecesi	opening night /'oupıning nayt/
galaksi	galaxy /'gelıksi/
galibiyet	win /win/
Galler	Wales /weylz/
Gana	Ghana /'ga:nı/
gar	railway station /'reylwey steyşın/
garaj	garage /gera:j/
garantilemek	guarantee /gerınti:/
gardırop	wardrobe /'wo:droub/
gargara	mouthwash /'mautwoş/
garson	waiter /'weytı/
gazete bayii	newsagent /'nyu:zeycınt/
gazeteci	journalist /'cö:nilist/
gazoz	pop /pop/

gece	night /nayt/
gece kremi	night cream /nayt kri:m/
gece kulübü	night club /nayt klab/
gece okulu	night school /nayt sku:l/
gece yarısı	midnight /'midnayt/
gecelik	nightdress /'naytdres/
gecikmek	delay /di'ley/
geç	late /leyt/
geçerli	valid /velid/
geçit	crossing /'krosing/
geçmek	pass /pa:s/
gelin	bride /brayd/
gelinlik	wedding gown /'weding gaun/
geliştirmek	develop, improve /di'velıp, im'pru:v/
gelmek	come /kam/
gemi	ship /şip/
gemi direği	mast /ma:st/
gemi doktoru	ship's doctor /şips 'doktı/
gemi gezintisi	cruise /kru:z/
gemi veznedarı	purser /'pö:sı/
gemi yolculuğu	voyage /'voyic/
gemicilik	navigation /nevi'geyşın/
genç	young /yang/
gençlik	youth /yu:t/
geniş	wide /wayd/
geniş açı	obtuse angle /ıb'tyu:s 'engıl/
geniş görüşlü	broad-minded /bro:d'mayndıd/
geometri	geometry /ci'omitri/
gerektirmek	require /ri'kwayı/
gergedan	rhinoceros /ray'nosırıs/
geri çekilmek	withdraw /wid'dro:/
geri çevirmek	reject /ri'cekt/
geri dönmek	return /ri'tö:n/

geri zekâlı	idiot, moron /'idiıt, 'mo:ron/
gerilim (filmi)	thriller /'trilı/
getirmek	bring /bring/
geveze	talkative /'to:kıtiv/
geyik	deer /dıı/
gezegen	planet /'plenit/
gezinmek	stroll /stroul/
gırtlak	throat /trout/
gibi görünmek	seem /si:m/
gidiş bileti	single ticket /'singıl 'tikit/
gidiş-dönüş	return ticket /ri'tö:n 'tikit/
giriş	entrance /'entrıns/
girmek	enter /'entı/
gişe	box office /boks 'ofis/
gitar	guitar /gi'ta:/
gitmek	go /gou/
giyecek	clothes /kloudz/
giyim mağazası	clothes store /'kloudz sto:/
giyinmek	dress /dres/
giymek	wear /weı/
golf	golf /golf/
goril	gorilla /gı'rilı/
göbek	navel /'neyvıl/
göç etmek	immigrate /'imigreyt/
göğüs	chest /çest/
gökdelen	skyscraper /'skayskreypı/
gökyüzü	sky /skay/
göl	lake /leyk/
gölge	shade /şeyd/
gölgeli	shaded /'şeydid/
gömlek	shirt /şö:t/
gömmek	bury /'beri/
gönderen	sender /sendı/
göndermek	send /send/

286

gönye	set square /set skweı/
görmek	see /si:/
görünüm	appearance /ı'pıırıns/
görüşmek	interview /'ıntıvyu:/
gösteri	show /şou/
göstermek	show /şou/
gövde	trunk /trank/
göz	eye /ay/
göz alıcı	striking /strayking/
göz damlası	eye drops /ay drops/
göz kalemi	eye pencil /ay pensıl/
göz rengi	colour of eyes /'kalı ov ayz/
gözbebeği	pupil /'pyu:pıl/
gözkapağı	eyelid /'aylid/
gözlemek	observe /ıb'zö:v/
gözlük	glasses /'gla:siz/
gözlükçü	optician /op'tişın/
gözü pek	daring /'deıring/
grafiker	graphic designer /'grefik di'zaynı/
gravyer peyniri	gruyere cheese /'gru:yeı çi:z/
greyfrut suyu	grapefruit juice /greyp'fru:t cu:s/
greyfurt	grapefruit /greypfru:t/
gri	grey /grey/
grip	flu /flu:/
Guatemala	Guatemala /gwa:tı'ma:lı/
guguk	cuckoo /'kuku:/
gururlu	proud /praud/
güçlü, kuvvetli	strong /strong/
güçsüz	weak /wi:k/
gül	rose /rouz/
güldürü	comedy /'komıdi/
gülmek	laugh /la:f/
gülümsemek	smile /smayl/

gümrük	customs /'kastımz/
gümrük kontrolü	customs control /'kastımz kın'troul/
gümrük memuru	customs officer /'kastımz ofisı/
gümrüksüz	duty-free /dyu:ti'fri:/
gümüş	silver /'silvı/
gün	day /dey/
günbatımı	sunset /sanset/
gündoğuşu	sunrise /sanrayz/
güneş	sun /san/
güneş çarpması	sunstroke /'sanstrouk/
güneş gözlüğü	sunglasses /san 'gla:siz/
güneş ışığı	sunlight /'sanlayt/
güneş kremi	sun cream /san kri:m/
güneş yağı	sun oil /san oyl/
güneş yanığı	sunburn /'sanbö:n/
güney	south /saut/
Güney Afrika	South Africa /saut 'efrikı/
Güney Amerika	South America /saut ı'merikı/
güneybatı	south-west /sautwest/
güneydoğu	south-east /sauti:st/
güreş	wrestling /'resling/
güve	moth /mot/
güvenilir	reliable /ri'layıbıl/
güvenilmez	unreliable /anri'layıbıl/
güvenmek	trust /trast/
güvercin	pigeon /'picın/
güverte	deck /dek/
güzel	good /gud/
güzellik salonu	beauty parlour /'byu:ti pa:lı/

H

haber spikeri	newsreader /'nyu:z ri:dı/

haberler	news /nyu:z/
hafta	week /wi:k/
hain, dönek	treacherous /'treçırıs/
hak etmek	deserve /di'zö:v/
hakaret etmek	insult /in'salt/
hakem	referee /refı'ri:/
hakim	judge /cac/
hakkında	about /ı'baut/
haklı olmak	be right /bi rayt/
halat	rope /roup/
halı	carpet /'ka:pit/
halter	weight lifting /'weyt lifting/
hamal	porter /'po:tı/
hamam	turkish bath /'tö:kiş ba:t/
hamsi	anchovy /'ençıvi/
hamster	hamster /'hemstı/
hapishane	prison /'prizın/
hapsetmek	imprison /im'prizın/
harcamak	spend /spend/
hardal	mustard /'mastıd/
hareket etmek	move /mu:v/
harflemek	spell /spel/
hariç	except /ik'sept/
harika	marvellous /'ma:vılıs/
harita	map /mep/
harp okulu	war school /wo: sku:l/
hasar	damage /'demic/
hasar vermek	damage /'demic/
hasır	straw /'stro:/
hassas	sensitive /'sensitiv/
hasta	patient /'peyşınt/
hastalık	illness /'ilnis/
hastane	hospital /'hospitıl/
haşlama	boiled, stewed /'boyld, styu:d/

hata yapmak	make a mistake /meyk ı mis'teyk/
hatırlamak	remember /ri'membı/
hatırlatmak	remind /ri'maynd/
hava	weather /'wedı/
hava durumu	weather report /'wedı ri'po:t/
hava filtresi	air filter /eıfiltı/
hava limanı	airport /'eıpo:t/
hava raporu	weather report /'wedı ri'po:t/
hava tahmini	weather forecast /'wedı fo:ka:st/
havaalanı	airport /'eıpo:t/
havacılık	aviation /eyvi'eyşın/
havalandırma	ventilation /venti'leyşın/
havale	money order /'mani o:dı/
havan	mortar /mo:tı/
havayolu	airline /'eılayn/
havlu	towel /'tauıl/
havuç	carrot /kerıt/
havuç salatası	carrot salad /'kerıt 'selıd/
havya	soldering iron /soldıring ayın/
havyar	caviar /'kevia:/
hayal etmek	imagine /i'mecin/
hayat, yaşam	life /layf/
hayran olmak	admire /ıd'mayı/
hayret etmek	wonder /'wandı/
hayvanat bahçesi	zoo /zu:/
hazımsızlık	indigestion /indi'cesçın/
hazır bulunmak	attend /ı'tend/
hazırlamak	prepare /pri'peı/
hazırlık okulu	preparatory school /pri'perıtri sku:l/
haziran	June /cu:n/
helikopter	helicopter /'helikoptı/
hemoroit	hemorrhoid /'hemıroyd/

hemşire	nurse /nö:s/
hentbol	handball /'hendbo:l/
hepsi	whole, all /houl, o:l/
hesap makinesi	calculator /kel'kyuleytı/
heyecanlı	nervous /'nö:vıs/
heykel, yontu	statue /'steçu:/
heykeltıraş	sculptor /'skalpçı/
hırka	cardigan /'ka:dıgın/
hırslı, tutkulu	ambitious /em'bişıs/
hız	speed /spi:d/
hidrofil pamuk	cotton wool /'kotın wul/
hindi	turkey /'tö:ki/
Hindistan	India /'indiı/
hindistancevizi	coconut /koukınat/
hissetmek	feel /fi:l/
hizmet vermek	serve /sö:v/
hizmetçi kadın	woman servant /'wumın sö:vınt/
hokey	hockey /'hoki/
hol	hall /ho:l/
Hollanda	Holland /'holınd/
Hollanda florini	Dutch florin /daç florin/
horoz	cock /kok/
hostes	stewardess /styu:ı'des/
hoş, tatlı	pleasant /'plezınt/
hoşlanmak	enjoy /in'coy/
hoverkraft	hovercraft /'houvıkra:ft/
huni	funnel /'fanıl/
hurma	date /deyt/
huysuz, haşin	mean /mi:n/
hücum	offence /ı'fens/
hücum etmek	attack /ı'tek/
hüviyet	identity card /ay'dentiti ka:d/

I

Irak	Irak /i'ra:k/
ırk	race /reys/
ırmak	stream /stri:m/
ısıtmak, ısınmak	heat /hi:t/
ıskalamak	miss /mis/
ıslak	wet /wet/
ıspanak	spinach /'spinic/
ısrar etmek	insist /in'sist/
ıstakoz	lobster /'lobstı/
ışıklar	lights /layts/
ızgara	grilled, broiled /grild, broyld/
ızgara köfte	grilled meatballs /'grild 'mi:tbolz/

İ

icat etmek	invent /in'vent/
iç cep	inside pocket /'insayd pokit/
iç çamaşırı	underwear /'andıweı/
iç kamara	inside cabin /insayd 'kebin/
için	for /fo:/
içine	into /intu/
içmek (sigara)	smoke /smouk/
içmek	drink /drink/
iddia etmek	assert /ı'sö:t/
ideal	ideal /'aydiıl/
ifade etmek	state /steyt/
iğne	injection /in'cekşın/
iğrendirmek	disgust /dis'gast/
ihanet etmek	betray /bi'trey/
ihracat yapmak	export /ik'spo:t/
ihtiva etmek	contain /kın'teyn/

ihtiyacı olmak	need /ni:d/
iki	two /tu:/
iki katlı otobüs	double-decker /'dabıl dekı/
ikinci	second /sekınd/
ikinci devre	second half /sekınd ha:f/
ikinci mevki	second class /'sekınd kla:s/
ikiz	twin /twin/
iklim	climate /'klaymit/
ikna etmek	persuade /pı'sweyd/
ilaç	medicine /'medsin/
ilan etmek	declare /di'kleı/
ile	with /wit/
iletki	protractor /'prıtrektı/
ilgilendirmek	interest, concern /'intrist, kın'sö:n/
ilham vermek	inspire /in'spayı/
ilik	buttonhole /'batınhoul/
iliştirmek	attach /ı'teç/
ilk devre	first half /fö:st ha:f/
ilk yardım (servisi)	casualty ward /'kejuılti wo:d/
ilkbahar	spring /spring/
ilkokul	primary school /praymıri sku:l/
iltihap	inflammation /inflı'meyşın/
imal etmek	manufacture /menyu'fekçı/
imza	signature /'signiçı/
imza defteri	signature book /'signiçıbuk/
imzalamak	sign /sayn/
inanmak	believe /bi'li:v/
inatçı	stubborn /'stabın/
ince	thin /tin/
inci	pearl /pö:l/
incik	shin /şin/
incir	fig /fig/
incitmek	injure, hurt /'incı, hö:t/

inek	cow /kau/
İngilizce	English /'ingliş/
İngiltere	England /'inglınd/
iniş	landing /'lending/
inkâr etmek	deny /di'nay/
inlemek	groan, moan /groun, moun/
inme	stroke /strouk/
inmek (oto)	get off /get of/
insan	man /men/
insanlık	humanity /hyu:'menıti/
insanoğlu	man, mankind /men, men'kaynd/
inşa etmek	build /bild/
intihar	suicide /'syuisayd/
ipek	silk /silk/
iplik	thread /tred/
İran	Iran /i'ra:n/
iri	big /big/
iriyarı	stout /staut/
İrlanda	Ireland /'ayılınd/
ishal	diarrhoea /'dayırıı/
isim, ad	name /neym/
iskelet	skeleton /'skelitın/
iskoç viski	scotch /'skoç/
İskoçya	Scotland /'skotlınd/
iskorpit	scorpion fish /'sko:pıın fiş/
İspanya	Spain /speyn/
ispat etmek	prove /pru:v/
ispinoz	finch /finç/
israf etmek	waste /weyst/
İsrail	Israel /'izreyl/
istavrit	small mackerel /smo:l mekrıl/
istek	enquiry /in'kwayıri/
istemek	want /wont/

istila etmek	invade /in'veyd/
istirahat	rest /rest/
istiridye	oyster /'oystı/
İsveç	Sweden /'swi:dın/
İsviçre	Switzerland /'switsılınd/
İsviçre frangı	Swiss franc /swis frenk/
iş	business /'biznis/
iş adamı	businessman /'biznismın/
iş vermek	employ /im'ploy/
işaret etmek	point /poynt/
işaret vermek	signal /'signıl/
işaretparmağı	forefinger /fo:fingı/
işçi	worker /'wö:kı/
işitmek, duymak	hear /hiı/
işkembe çorbası	tripe soup /'trayp su:p/
işletmek	operate /'opıreyt/
iştah	appetite /'epitayt/
itaat etmek	obey /ou'bey/
İtalya	Italy /'itıli/
İtalyan lireti	Italian lira /i'teliın lirey/
itfaiye	fire brigade /'fayıbri'geyd/
itfaiye arabası	fire fighting lorry /'fa:yı'fayting lori/
itfaiyeci	fireman /'fayımın/
itiraf etmek	admit, confess /ıd'mit, kın'fes/
itiraz etmek	object /'obcikt/
itmek	push /puş/
iyi	good /gud/
iyimser	optimistic /opti'mistik/
izin vermek	allow, permit /ı'lau, pı'mit/
izleyici, seyirci	viewer /'vyu:vı/

J

jambon	bacon /'beykın/
Japonya	Japan /cı'pen/
jet (uçağı)	jet (plane) /cet (pleyn)/
jip	jeep /ci:p/
jokey	jockey /'coki/
jöle	jelly /celi/
judo	judo /'cu:dou/
Jupiter	Jupiter /'cupitı/

K

kaba	rude /ru:d/
kabak (balkabağı)	squash /skwoş/
kabak (dolmalık)	marrow /merou/
kabakulak	mumps /mamps/
kabızlık	constipation /konsti'peyşın/
kabin	cabin /'kebin/
kablo	cable /'keybıl/
kablolu TV	cable TV /'keybıl ti:vi:/
kabul etmek	accept /ık'sept/
kaçmak	escape (from) /i'skeyp/
kadın (cinsiyet)	female /'fi:meyl/
kadın	woman /'wumın/
kadın bağı	sanitary napkins /'senitıri nepkinz/
kadınlar	women /'wimin/
kadife	velvet /'velvit/
kafatası	skull /skal/
kafeterya	cafeteria, cafe /kefi'tiırıı, 'kefey/
kağıt	paper /'peypı/
kahvaltı	breakfast /'brekfıst/
kahvaltı salonu	breakfast room /'brekfıst rum/

kahvehane	coffee house /'kofi haus/
kahverengi	brown /braun/
kakao	cocoa /'koukou/
kalacak yer	accommodation /ıkomı'deyşın/
kalamar	squid /'skwid/
kalas	plank /plenk/
kalça	hip /hip/
kaldırım	pavement /'peyvmınt/
kaldırmak	raise, lift /reyz, lift/
kaleci	goal keeper /goul ki:pı/
kalem	pen /pen/
kalem içi	filler /fılı/
kalem kutusu	pencil box /'pensıl boks/
kalem takımı	pen set /pen set/
kalemtıraş	pencil sharpener /'pensıl şa:pınıl/
kalın	thick /tik/
kalıtım	heredity /hi'rediti/
kalkan	turbot /'tö:bıt/
kalkış	departure /di'pa:çı/
kalkmak	get up /get ap/
kalmak	stay /stey/
kalorifer	heating /'hi:ting/
kalp	heart /ha:t/
kamara	cabin /'kebin/
kamarot	steward /styuıd/
kameraman	cameraman /'kemırımın/
kamyon	lorry, truck /'lori, trak/
kamyon şoförü	lorry driver /'lori drayvı/
kamyonet	van /ven/
kan	blood /blad/
kan dolaşımı	blood circulation /blad sö:kiu'leyşın/
kan grubu	blood type /blad tayp/

kan zehirlenmesi	blood poisoning /blad 'poizning/
Kanada	Canada /'kenıdı/
kanal	channel /'çenıl/
kanamak	bleed /bli:d/
kanarya	canary /kı'neıri/
kanat	wing /wing/
kangren	gangrene /'gengri:n/
kanguru	kangaroo /kengı'ru:/
kanser	cancer /'kensı/
kapalı çarşı	covered market /'kavıd 'ma:kit/
kapalı salon	arena /ı'ri:nı/
kapamak (ışık)	switch (turn) off /swiç (tö:n) ov/
kapamak	close, shut /klouz, şat/
kapı	door /do:/
kapı zili	doorbell /do:bel/
kapıcı	doorkeeper / 'do:ki:pı/
kaplan	tiger /'taygı/
kaplumbağa	tortoise /'to:tıs/
kapmak	grab /greb/
kapsül	capsule /'kepsyu:l/
kaptan	captain /'keptin/
kaput	hood /hud/
kar	snow /snou/
kar fırtınası	snow storm /'snousto:m/
karabiber	black pepper /'blek pepı/
karaböcek	beetle /'bi:tıl/
karaciğer	liver /'livı/
karafatma	cockroach /'kokrouç/
karagöz	sea bream /si: bri:m/
karakol	police station /pı'li:s 'steyşın/
karanfil	carnation /ka:neyşın/
karanlık	dark /da:k/
karar vermek	decide /di'sayd/

kararlaştırmak	arrange /ı'reync/
kararlı, azimli	determined /di'tö:mind/
karate	karate /kı'ra:ti/
karavan	caravan /'kerıven/
karbüratör	carburettor /ka:byu'reytı/
kardan contası	universal joint /yu:ni'vö:sıl coynt/
kare	square /skweı/
karga	crow /krou/
kargo	cargo /'ka:gou/
karı	wife /wayf/
karın	belly /'beli/
karınca	ant /ent/
karışık ızgara	mixed grill /mikst gril/
karıştırmak	mix, stir /miks, stö:/
karides	shrimp /'şrimp/
karides salatası	shrimp salad /'şrimp 'selıd/
karikatür	caricature /'kerikıtyuı/
karlı	snowy /snoui/
karnabahar	cauliflower /koliflauı/
karnabahar salatası	cauliflower salad /'koliflauı 'selıd/
karne	report card /ri'po:t ka:d/
karpuz	water melon /wo:tı melın/
karşı	against /ı'genst/
karşı koymak	oppose /ı'pouz/
karşılaştırmak	compare /kım'peı/
kartal	eagle /'i:gıl/
karter	crankcase /'krankkeys/
kas	muscle /'masıl/
kasap	butcher /'buçı/
kasım	November /nou'vembı/
kasiyer	cashier /ke'şiı/
kaş	eyebrow /'aybrau/
kaşar peyniri	cheese /çi:z/

kaşık	spoon /spu:n/
kaşkol	scarf /ska:f/
kat	floor /flo:/
katedral	cathedral /kı'ti:drıl/
katılmak	join /coyn/
katır	mule /myu:l/
katlamak	fold /fould/
katlanmak	bear, stand /beı, stend/
kavanoz	jar /ca:/
kavramak (el ile)	grasp /gra:sp/
kavramak	realize /'rıılayz/
kavşak	crossing /krosing/
kavun	melon /melın/
kayabalığı	goby /'goubi/
kayak	skiing /'ski:ing/
kaybetmek	lose /lu:z/
kaybolmak	disappear /dısı'pıı/
kaydetmek	record /ri'ko:d/
kaygısız	carefree /'keıfri:/
kayık	boat /bout/
kayınbirader	brother-in-law /bradırinlo:/
kayınpeder	father-in-law /'fa:dırinlo:/
kayıp eşya	lost property /loust propıti/
kayısı	apricot /eyprikot/
kayısı suyu	apricot juice /'eyprikot cu:s/
kaymak	slip /slip/
kaynamak	boil /boyl/
kaynana	mother-in-law /'madırinlo:/
kaz	goose /gu:s/
kaza	accident /'eksidınt/
kazak	pullover /'pulouvı/
kazanmak	win /win/
kazma	pickaxe /'pikeks/
kâğıt	paper /'peypı/

kâğıt mendil	Kleenex /'kli:neks/
kâğıt para	banknote /'benknout/
kâse	bowl /boul/
keçeli kalem	felt tip /'felt tip/
keçi	goat /gout/
kedi	cat /ket/
kefal	grey mullet /grey malit/
kehribar	amber /'embı/
kekik	thyme /taym/
keklik	partridge /'pa:tric/
kel	bold /bold/
kelebek	butterfly /'batıflay/
keman	violin /'vayılin/
kemer	belt /belt/
kemik	bone /boun/
kenar	side /sayd/
kendinden emin	self-confident /selfkonfidınt/
Kenya	Kenya /'kenyı/
kep	cap /kep/
kepçe	ladle /'leydıl/
kerevit	prawn /pro:n/
kerpeten	pliers /'playız/
kertenkele	lizard /'lizıd/
kesik	cut /kat/
kesir	fraction /'frekşın/
keski	chisel /'çizıl/
kesmek	cut /kat/
kestane	chestnut /çesnat/
keşfetmek	discover /dis'kavı/
keten	linen /'linın/
kevgir	colander /'kalındı/
Kıbrıs	Cyprus /'sayprıs/
kıç taraf	stern /stö:n/
kıl fırça	hair brush /heı braş/

kılıç	swordfish /'so:dfiş/
kırışık, buruşuk	wrinkle /'rinkıl/
kırk	forty /'fo:ti/
kırkıncı	fortieth /'fo:tııt/
kırlangıç	gurnard /'gö:nıd/
kırmak	break /breyk/
kırmızı	red /red/
kırmızı biber	red pepper /red 'pepı/
kırmızı ışık	red light /red layt/
kırmızı şarap	red wine /red wayn/
kırmızı turp salatası	radish salad /'rediş 'selıd/
kırtasiyeci	stationer's /'steyşınız/
kısa	short /şo:t/
kısa boylu	short /şo:t/
kısa dalga	short wave /şo:t weyv/
kısa gezinti	excursion /ik'skö:şın/
kısa kollu	short sleeved /şo:t sli:vd/
kısa metrajlı film	short film /şo:t film/
kısa rot başları	track rod ends /'trek rod endz/
kıskanç	jealous /'celıs/
kıskanmak	envy /'envi/
kısrak	mare /meı/
kış	winter /'wintı/
kış sporları	winter sports /'wintı 'spo:ts/
kışla	barracks /'berıks/
kışlık elbise	winter dress /wintıdres/
kıta	continent /kontinınt/
kıvırcık lahana	broccoli /brokıli/
kıyı	coast /koust/
kız	girl /gö:l/
kız evlat	daughter /'do:tı/
kız kardeş	sister /'sistı/
kızak	tobogganing /tı'bogıning/
kızamık	measles /'mi:zılz/

kızartma	fried /'frayd/
kızgın	angry /'engri/
kızıl	red /red/
kızılcık	cornelian cherry /ko:ni:liın çeri/
kızlık soyadı	maiden name /'meydın neym/
kiler	larder /'la:dı/
kilise	church /çö:ç/
kilit	lock /lok/
kilitlemek	lock /lok/
kilo (ağırlık)	weight /weyt/
kimya	chemistry /'kemistri/
kimyon	cummin /'kamin/
kiralamak	hire, rent /'hayı, rent/
kiraz	cherry /çeri/
kirpi	hedgehog /'hechog/
kirpik(ler)	eyelash(es) /'ayleş(iz)/
kist	cyst /sist/
kişi	person /'pö:sın/
kişiler	people /'pi:pıl/
kitabevi	bookstore /buksto:/
kitap	book /buk
kitaplık	bookshelf /'bukşelf/
klapa	lapel /lı'pel/
klarnet	clarinet /klerı'net/
klima	airconditioning /'eıkındişıning/
klinik	clinic /'klinik/
klips	ear-clips /'iıklips/
koala	koala /kou'alı/
kobra	cobra /'kobrı/
koca	husband /'hazbınd/
koç	coach /kouç/
kokarca	skunk /skank/
kokmak	smell /smel/
kol	arm /a:m/

kol düğmesi	cuff links /kaflinks/
kol saati	wrist watch /rist woç/
kola	coke /'kouk/
kolay	easy /i:zi/
kolera	cholera /'kılırı/
kolonya	cologne /kı'loun/
koltuk	arm chair /a:m çeı/
koltuk değneği	crutch /kraç/
koltuk kemeri	seat-belt /si:t belt/
koltuk(lar)	stalls /sto:lz/
kolye	necklace /'neklis/
kolyoz	horse mackerel /ho:s mekrıl/
koma	coma /'koumı/
komedi	comedy /'komıdi/
komik	funny /'fani/
komodin	bedside table /'bedsayd teybıl/
kompakt disk	compact disc /'kımpekt disk/
kompartıman	compartment /'kımpa:tmınt/
komposto	cold stewed fruit /kould styu:d fru:t/
komuta etmek	command /kı'ma:nd/
kondansatör	condenser /kın'densı/
koni	cone /koun/
konser	concert /'konsıt/
konser salonu	concert hall /'konsıt ho:l/
konsol	chest of drawers /çest ıv dro:ız/
konsolosluk	consulate /'konsyulıt/
kontak	contact /'kontekt/
kontak düğmesi	ignition key /'ignişın ki:/
kontrabas	double bass /dabıl beys/
kontrol etmek	control, check /kın'troul, çek/
kontrol kulesi	control tower /kıntroul tauı/
kontrolör	conductor /kındaktı/
konuşmak	speak, talk /spi:k, to:k/

konyak	cognac /'konyek/
kopça	hook and eye /huk end ay/
Kore	Korea /kı'rıı/
koridor	corridor /korido:/
korkmak	fear /fıı/
korku filmi	horror film /'horı film/
korkutmak	frighten /'fraytın/
koro	choir /'kwayı/
korse	girdle /'gö:dıl/
koru	woods /wudz/
korumak	protect /prı'tekt/
kostüm	costume /'kostyu:m/
koşmak	run /ran/
koşu	running /'raning/
kovalamak	chase /çeys/
kovboy (filmi)	western /'westın/
koymak	put /put/
koyu (renk)	dark (colour) /da:k 'kalı/
koyu renk	dark /da:k/
koyun	sheep /şi:p/
koyun postu	sheepskin /'şi:pskin/
kömürler	brushes /'braşız/
köpek	dog /dog/
köpekbalığı	shark /şa:k/
köprü	bridge /bric/
köpüklü şarap	sparkling wine /'spa:kling wayn/
kör	blind /blaynd/
köstebek	mole /moul/
köşe	corner /ko:nı/
kötü	bad /bed/
kötümser	pessimist /'pesimist/
kramp	cramp /'kremp/
krank mili	crankshaft /krankşaft/
kravat	tie /tay/

kravat iğnesi	tie clip /'tai klip/
krem	cream /kri:m/
krem karamel	cream caramel /kri:m kerımel/
krem peynir	cream cheese /'kri:m çi:z/
kriket	cricket /'krıkit/
kriko	jack /cek/
krupiye	croupier /'kru:pıı/
kuaför	hairdresser's /'heıdresız/
kucaklamak	embrace /im'breys/
kuduz	rabies /'reybi:z/
kuğu	swan /swon/
kulak	ear /ıı/
kulak damlası	ear drops /'ııdrops/
kulakmemesi	ear lobe /'ııloub/
kullanmak	use /yu:z/
kulübe	hut /hat/
kumar oynamak	gamble /'gembıl/
kumarhane	casino /'kısi:nou/
kumral	auburn /'o:bın/
kunduz	beaver /bi:'vı/
kung-fu	kung-fu /kung-fu/
kupa	cup /kap/
kural	rule /ru:l/
kurbağa	frog /frog/
kurmak	establish /i'stebliş/
kurnaz	cunning /'kaning/
kurs	course /ko:s/
kurşunkalem	pencil /'pensıl/
kurt	wolf /wulf/
kurtarma salı	life-boat /layfbout/
kurtarmak	rescue, save /'reskyu:, seyv/
kuru	dry /dray/
kuru temizlemeci	dry cleaner's /dray 'kli:nız/
kurutmak	dry /dray/

kusma	vomiting /'vomiting/
kusturucu ilaç	emetic /ı'metik/
kuş	bird /bö:d/
kuşatmak	surround /sı'raund/
kuşetli vagon	couchette /ku:'şet/
kuşkonmaz	asparagus /'ısperıgıs/
kutu	box /boks/
kutup ayısı	polar bear /poulıbeı/
kuvars	quartz /kwo:tz/
Kuveyt	Kuwait /ku'weyt/
Kuveyt dinarı	Kuwait dinar /kuweyt dina:/
kuvvetli	powerful /'pauıfıl/
kuyu kebabı	lamb roasted in a pit /lem 'roustid in ı pit/
kuyumcu	jeweller /'cu:ılı/
kuzen	cousin /'kazın/
kuzey	north /no:t/
Kuzey Amerika	North America /no:t ı'merikı/
kuzeybatı	north-west /no:twest/
kuzeydoğu	north-east /no:ti:st/
kuzgun	raven /'reyvın/
kuzu	lamb /lem/
kuzu çevirme	roastlamb /'roustlem/
kuzu pirzola	lamb chops /lem çops/
Küba	Cuba /'kyu:bı/
küçük	little /'litıl/
küfretmek	swear /sweı/
kül tablası	ash tray /eş trey/
küllük	ash-tray /'eştrey/
külot	underpants /'andıpents/
külotlu çorap	tights /tayts/
kültür merkezi	cultural centre /'kalçırıl sentı/
küp	cube /kyu:b/
küpe	earrings /'iıringz/

307

kürek	rowing /'rouiŋ/
kürk manto	fur coat /'fö: kout/
kütüphane	library /'laybrıri/
kütüphaneci	librarian /lay'breırıın/
küvet	bath /'ba:t/

L

laboratuvar	laboratory /lı'borıtri/
lacivert	navy blue /neyvi blu:/
lahana	cabbage /kebic/
lahana turşusu	pickled cabbage /'pikıld kebic/
lakerda	salted tunny /'so:ltid tani/
lal taşı	garnet /'ga:nit/
lale	tulip /'tyu:lip/
lastik	tyre /tayı/
lavabo	washbasin /'woşbeysin/
leopar, pars	leopard /'lepıd/
levrek	bass /bes/
leylak	lilac /'laylık/
leylek	stork /sto:k/
lezzetli	delicious /di'lişıs/
Libya	Libya /'libyı/
likör	liqueur /li'kyuı/
liman	harbour, port /'ha:bı, po:t/
liman polisi	harbour police /'ha:bıpı'li:s/
limonata	lemonade /'lemıneyd/
lisans	bachelor's degree /'beçilız di'gri:/
lise	senior high school /si:nııhay sku:l/
lokanta	restaurant /'restront/
lokomotif	locomotive /loukı'moutiv/
lunapark	funfair /'fanfeı/

Lübnan	Lebanon /'lebınınְ/
lüfer	blue fish /blu: fiş/
Lüksemburg	Luxemburg /'laksımbö:g/

M

Macaristan	Hungary /'hangıri/
macera (filmi)	adventure film /ıd'vençı film/
maç	match /meç/
madalya	medal /'medıl/
madenci	miner /'maynı/
madeni para	coin /koyn/
madensuyu	mineral water /'minırıl 'wo:tı/
mahvetmek	destroy /di'stroy/
majör	major /'meycı/
makarna	macaroni /mekı'rouni/
makas	scissors /'sizız/
makine	machine /mı'şi:n/
makyaj	make up /meyk ap/
makyaj yapmak	make up /meyk ap/
mal olmak	cost /kost/
Malezya	Malaysia /mı'leyziı/
maliyeci	financier /fi'nensiı/
malzeme	material /mı'tirıl/
manav	greengrocer's /'gri:ngrousız/
manda	water buffalo /'wo:tı'bafılou/
mandalina	tangerine /tencıri:n/
mandolin	mandolin /mendı'lin/
manken	model /'modıl/
manşet	cuff /kaf/
mantar çorbası	mushroom soup /'maşrum su:p/
manto	coat /kout/
marangoz	carpenter /'ka:pıntı/

Mars	Mars /ma:s/
marş motoru	starter motor /'sta:tımoutı/
mart	March /ma:ç/
martı	gull /gal/
marul	lettuce /letıs/
masa	table /'teybıl/
masatenisi	table tennis /'teybıl tenis/
maşa	tongs /tongz/
maşrapa	mug / mag/
matbaacı	printer /'printı/
matematik	mathematics /meti'metiks/
matkap	drill /dril/
mavi	blue /blu:/
mavna	barge /ba:c/
maydanoz	parsley /'pa:sli/
mayıs	May /mey/
maymun	monkey /'manki/
mayo	swimsuit /'swimsu:t/
medeni durumu	marital status /'meritıl 'steytıs/
Meksika	Mexico /'meksikou/
mektup	letter /'letı/
mektup kutusu	letter box /letıboks/
melodi	melody /'melıdi/
meme	breast /brest/
memur	civil servant /'sivil sö:vınt/
mendil	handkerchief /'henkıçif/
menekşe	violet /'vayılıt/
mengene	vice /vays/
mercimek	lentil /lentıl/
mercimek çorbası	lentil soup /'lentıl su:p/
merdiven	ladder /'ledı/
merdiven(ler)	stairs /steız/
merhametli	merciful /'mö:sifıl/
merhametsiz	merciless /'mö:silıs/

Merkür	Mercury /'mö:kyuri/
mesane	bladder /bledı/
meslek okulu	vocational school /vou'keyşınıl sku:l/
meşgul	busy /bizi/
meşgul sinyali	busy signal /bizi signıl/
meşrubat	soft drink /soft drink/
metal	metal /metıl/
metro	underground /'andıgraund/
mevsim	season /si:zın/
meydan (alan)	square /'skweı/
meyve salatası	fruit salad /fru:t selıd/
meyve suyu	fruit juice /fru:t cu:s/
mezar	grave /'greyv/
mezarlık	cemetery /'semitri/
meze(ler)	hors d'ouvre(s) /o:'dö:v(z)/
mezgit	haddock /'hedık/
mezun	graduate /'grecuit/
mezuniyet	graduation /'grecu'eyşın/
mısır	corn /ko:n/
Mısır	Egypt /'i:cipt/
mide	stomach /'stamık/
mide ağrısı	stomachache /'stamıkeyk/
midye	mussel /'masıl/
midye dolma	stuffed mussels /staft 'masılz/
midye tava	fried mussels /frayd 'masılz/
migren	migraine /'mi:greyn/
mikrofon	microphone /'maykrıfoun/
mikser	mixer /miksı/
milli park	national park /'neşınıl pa:k/
milliyet	nationality /neşı'neliti/
milyon	one million /wan 'milyın/
mimar	architect /'a:kitekt/
minder	cushion /'kuşın/

mine	enamel /i'nemıl/
minibüs	minibus /'minibas/
minicik	tiny /'tayni/
minör	minor /'maynı/
miras	inheritance /in'heritıns/
misafir odası	guest room /gest rum/
mobilyacı	furniture maker /'fö:niçımeykı/
mobilyalı ev	furnished house /'fö:nişt haus/
modacı	fashion designer /'feşın di'zaynı/
mor	purple /'pö:pıl/
morina	codfish /'kodfiş/
mors	walrus /'wo:lrıs/
motel	motel /mou'tel/
motor	engine /'encin/
motor gövdesi	cylinder block /'silindıblok/
motosiklet	motorcycle /'moutısaykıl/
muayene	examination /igzemi'neyşın/
muayenehane	surgery /'sö:cırı/
muhabir	reporter /ri'po:tı/
muhallebi	pudding /puding/
muhasebeci	accountant /ı'kauntınt/
muhteşem	magnificent /meg'nifisınt/
musluk	tap /tep/
muşmula	medlar /medlı/
mutfak	kitchen /'kiçın/
mutlu	happy /hepi/
mutlu etmek	please /pli:z/
mutsuz	unhappy /an'hepi/
muz	banana /bına:nı/
muz şokola	chocolate mousse /'çoklit mu:s/
mücevherat	jewellery /'cu:ılri/
müfettiş	inspector /in'spektı/
mühendis	engineer /enci'niı/

mükemmel	excellent /'eksılınt/
mürekkep	ink /ink/
mürekkepbalığı	squid /'skwid/
mürettebat	crew /kru:/
müshil	laxative /'leksıtiv/
müteahhit	builder /bildı/
müze	museum /myu:'zıım/
müzik	music /'myuzik/
müzik seti	music set /'myu:zikset/
müzikal	musical /'myu:zikıl/
müzisyen	musician /myu:'zişın/

N

nabız	pulse /pals/
nadiren	rarely /'reıli/
namuslu, dürüst	honest /'onist/
nane	mint /mint/
nar	pomegranate /pomigrenit/
narin	slim /slim/
narin, ince	slender /'slendı/
naylon	nylon /'naylon/
nazik	polite /pı'layt/
neden olmak	cause /ko:z/
nefes	breath /bret/
nefes almak	breathe /bri:d/
nefret etmek	hate, detest /heyt, di'test/
nehir	river /'rivı/
nemlendirici	moisturizer /'moysçırayzı/
Neptün	Neptune /neptyu:n/
nergis	daffodil /'defıdil/
nesil	generation /cenı'reyşın/
neskafe	instant coffee /'instınt 'kofi/
neşeli	cheerful /'çııfıl/

Nijerya	Nigeria /nay'cıırıı/
Nikaragua	Nicaragua /nıkı'regyuı/
nilüfer	waterlily /'wo:tılili/
nisan	Nisan /'eypril/
nişanlanmak	get engaged /get in'geycd/
nişanlı	engaged /in'geycd/
niyet etmek	intend /in'tend/
nohut	chick peas /çikpi:z/
Norveç	Norway /'no:wey/
not	mark, grade /ma:k, greyd/
not defteri	notepad /'noutped/
not etmek	note /nout/
nota	note /nout/
noter	notary /'noutıri/
nöbet, kriz	attack /ı'tek/

O

obua	oboe /'oubou/
ocak	January /'ceniuıri/
oda	room /rum/
oda müziği	chamber music /'çeymbı 'myu:zik/
oda servisi	room service /rum sö:vis/
oğul	son /san/
oje	nail polish /neyl poliş/
ok oyunu	darts /da:ts/
okçuluk	archery /'a:çıri/
okul	school /sku:l/
okul forması	school uniform /sku:l yunifo:m/
okul müdiresi	headmistress /hed'mistrıs/
okul müdürü	headmaster /hed'ma:stı/
okuma salonu	reading room /'ri:ding rum/
okumak	read /ri:d/

okyanus	ocean /'ouşın/
olmak	be, become /bi, bi'kam/
oluşmak	consist of /kın'sist/
omlet	omelette /'omlit/
omur	vertebra /'vö:tıbrı/
omuz	shoulder /'şouldı/
on	ten /ten/
on altı	sixteen /'siksti:n/
on altıncı	sixteenth /'siksti:nt/
on beş	fifteen /'fifti:n/
on beşinci	fifteenth /'fifti:nt/
on bir	eleven /i'levın/
on birinci	eleventh /i'levınt/
on dokuz	nineteen /'naynti:n/
on dokuzuncu	nineteenth /'naynti:t/
on dördüncü	fourteenth /'fo:ti:nt/
on dört	fourteen /'fo:ti:n/
on iki	twelve /twelv/
on ikinci	twelfth /twelft/
on sekiz	eighteen /'eyti:n/
on sekizinci	eighteenth /'eyti:nt/
on üç	thirteen /'tö:ti:n/
on üçüncü	thirteenth /'tö:ti:nt/
on yedi	seventeen /'sevınti:n/
on yedinci	seventeenth /'sevınti:nt/
onaylamak	confirm /kın'fö:m/
ondalık sayı	decimal /'desimıl/
onuncu	tenth /tent/
opal	opal /'oupıl/
opera	opera /'opırı/
operet	operetta /'opıretı/
orangutan	orangutang /o:rengu:'teng/
organ	organ /'o:gın/
orkestra	orchestra /'o:kistrı/

orkestra şefi	conductor /kın'daktı/
orman	forest /'forist/
orta dalga	medium wave /'mi:dyım weyv/
orta yaşlı	middle-aged /midl'eycd/
ortaokul	junior high school /cu:nıɪhay sku:l/
ortaparmak	middle finger /'midıl 'fingı/
oruç tutmak	fast /fa:st/
otel	hotel /hou'tel/
oto pazarı	car market /ka: 'ma:kit/
oto ralisi	car rally /ka: reli/
otoban, otoyol	highway, motorway /'haywey, 'moutıwey/
otobüs	bus /bas/
otobüs terminali	bus terminal /bas 'tö:minıl/
otomobil	automobile /'o:tımıbi:l/
otopark	car park /ka:pa:k/
oturma izni	residence permit /'rezidıns pö:mit/
oturma odası	sitting room /'siting rum/
oturmak	sit (down) /sit (daun)
otuz	thirty /'tö:ti/
otuzuncu	thirtieth /'tö:tıɪt/
ova	plain /pleyn/
oynamak	play /pley/
oynayanlar	cast /ka:st/
oyun	play, game /pley/, /geym/
oyun yazarı	playwright /pleyrayt/

Ö

öbürsü gün	the day after
ödemek	pay /pey/
ödemeli görüşme	collect call /kılekt ko:l/

ödev	homework /'houmwö:k/
ödül	award /ı'wo:d/
ödünç almak	borrow /'borou/
ödünç vermek	lend /lend/
öğle	noon /nu:n/
öğleden sonra	afternoon /a:ftı'nu:n/
öğrenci	student /'styu:dınt/
öğrenmek	learn /lö:n/
öğretmek	teach /ti:ç/
öğretmen	teacher /'ti:çı/
öğütmek	grind /graynd/
öksürük	cough /kof/
öküz	ox /oks/
ölçmek	measure /'mejı/
öldürmek	kill /kil/
ölmek	die /day/
ölü	dead /ded/
ölüm	death /det/
ölümcül	fatal /'feytıl/
ölümlü, fani	mortal /'mo:tıl/
ömür	lifetime /'layftaym/
ömür boyu	lifelong /'layflong/
ön	front /frant/
ön kapı	front door /frant do:/
öncam	windscreen /'windskri:n/
önermek	suggest /sı'cest/
öpmek	kiss /kis/
ördek	duck /dak/
örgü	plait /pleyt/
örgütlemek	organize /'o:gınayz/
örmek	knit /nit/
örs	anvil /envil/
örtmek	cover /'kavı/
örümcek	spider /'spaydı/

ötesinde	behind /bi'haynd/
övmek	praise /preyz/
özel okul	private school /'prayvit sku:l/
özel plaj	private beach /'prayvit bi:ç/
özlemek	miss /mis/
özür dilemek	apologise /ı'polıcayz/

P

paça (pantalon)	turn up /tö:n ap/
pahalı	expensive /ik'spensiv/
paket	packet /'pekit/
Pakistan	Pakistan /pa:ki'sta:n/
palamut	bonito /bını:tou/
palto	overcoat /ouvıkout/
pamuklu	cotton /'kotın/
Panama	Panama /'penıma:/
pancar	beet /bi:t/
panç	punch /panç/
pandantif	pendant /'pendınt/
pankreas	pancreas /'penkriıs/
pansiyon	boarding house /bo:ding haus/
pantalon	trousers, pants /'trauzıs, pents/
pantalon askısı	braces /'breysiz/
panter	panther /'pentı/
papağan	parrot /'perıt/
papatya	daisy /'deyzi/
papaz	priest /pri:st/
papyon kravat	bow tie /bou tay/
para	money /'mani/
para birimi	currency /'karınsi/
para kesesi	coin purse /koyn pö:s/
Paraguay	Paraguay /'perıgway/
paralel bar	parallel bars /'perılıl ba:z/

paralı yol	toll road /'toul roud/
parça	piece /pi:s/
pardösü	overcoat /'ouvıkout/
parfüm	perfume /'pö:fyu:m/
park	park /pa:k/
park yeri	parking /'pa:king/
parlak (renk)	bright (colour) /'brayt 'kalı/
parlamak	shine /şayn/
parlatmak	polish /'poliş/
parmak	finger /'fingı/
pasaport	passport /'pa:spo:t/
pasta	cake /keyk/
pastane	pastry shop /'peystrişop/
pastel boya	pastel paint /'pestıl peynt/
pastırma	pastrami /'pıstra:mi/
pastil	lozenge /'lozinc/
patates	potato /pıteytou/
patates çorbası	potato soup /pı'teytou su:p/
patates fırında	roasted potatoes /'roustid pı'teytouz/
patates kızartma	fried potatoes /frayd pı'teytouz/
patates püre	mashed potatoes /meşd pı'teytouz/
patates salatası	potato salad /pı'teytou 'selıd/
patates tava	french fries /frenç frayz/
paten	skating /'skeyting/
patlamak	burst, explode /bö:st, ik'sploud/
patlıcan	eggplant /egplent/
patlıcan turşusu	pickled aubergines /'pikıld 'oubıji:nz/
paylaşmak	share /şeı/
pazar	Sunday /'sandi/
pazartesi	Monday /'mandi/
pazı	biceps /'bayseps/

peçe	veil /veyl/
pembe	pink /pink/
pembe dizi	soap opera /soup 'oprı/
penaltı	penalty /'penılti/
pencere	window /'windou/
penguen	penguin /'pengwin/
pentatlon	pentathlon /pen'tetlın/
perde	curtain /'kö:tın/
perde(ler)	curtains /'kö:tinz/
pergel	compass /'kampıs/
perma	permanent hair /'pö:mınınt heı/
peron	platform /'pletfo:m/
perşembe	Thursday /'tö:zdi/
Peru	Peru /pı'ru:/
pervane	propeller /prı'pelı/
petrol tankeri	oil tanker /oyl tenkı/
pınar	spring /spring/
pırasa	leek /li:k/
pırlanta	brilliant /'briliınt/
pijama	pyjamas /'pıca:mız/
pikap	turntable /'tö:nteybıl/
pilav	rice pilaff /rays pilef/
piliç	chicken /çikin/
piliç kızartma	roast chicken /'roust 'çikin/
pilot	pilot /'paylıt/
pilot kabini	cockpit /kokpit/
piramit	pyramid /'pirımid/
pire	flea /fli:/
pirinç çorbası	rice soup /rays su:p/
pisibalığı	plaice /pleys/
piston	piston /'pistın/
pişirmek	cook /kuk/
pişman olmak	regret /ri'gret/
piyanist	pianist /'piınist/

320

piyano	piano /pi'enou/
piyaz	haricot bean salad /'herikou bi:n 'selıd/
plaj	beach /bi:ç/
plaka	licence plate /'laysıns 'pleyt/
platin	platinum /'pletınım/
platinler	points /poynts/
Plüton	Pluto /plu:tou/
poker	poker /'poukı/
polis (erkek)	policeman /pı'li:smın/
polis (kadın)	policewoman /pı'li:swumın/
polisiye (film)	detective story /di'tektiv 'sto:ri/
politikacı	politician /poli'tişın/
Polonya	Poland /'poulınd/
pop müzik	pop music /pop 'myu:zik/
porsuk	badger /'becı/
portakal	orange /orinc/
portakal suyu	orange juice /'orinc cu:s/
Portekiz	Portugal /'po:çugıl/
portre	portrait /'po:trit/
posta	post, mail /poust, meyl/
posta kodu	area code /eırıkoud/
postacı	postman /'poustmın/
postalamak	post, mail /poust, meyl/
postane	post-office /poust ofis/
poz vermek	pose /pouz/
prodüktör	producer /'prodyu:sı/
profesör	professor /prı'fesı/
profesyonel	professional /prı'feşınıl/
program	programme /'prougrem/
programcı	programmer /prougremı/
prova	rehearsal /ri'hö:sıl/
psikolog	psychologist /say'kolıcist/
psikoloji	psychology /say'kolıci/

321

puanlı	dotted /'dotid/
pudra	powder /'paudı/
puma	cougar /'ku:gı/

R

radyatör	radiator /'reydieytı/
radyo	radio /'reydiou/
radyo istasyonu	radio station /reydiou 'steyşın/
rafting	rafting /rafting/
rahatsız etmek	disturb /di'stö:b/
rakı	raki /reki/
rakip	opponent /ı'pounınt/
rastlamak	bump into /bamp intu/
ray	rail /'reyl/
razı olmak	agree /ı'gri:/
reçete	prescription /pris'kripşın/
reddetmek	refuse /ri'fyu:z/
reklamcı	advertiser /'edvıtayzı/
reklamlar	commercials /kı'mö:şılz/
rekor	record /'reko:d/
rende, planya	plane /pleyn/
rengeyiği	reindeer /'reyndıı/
renk	colour /'kalı/
renk tonu	tint /tint/
renkli	coloured /'kalıd/
renkli kalem	colour pen /'kalı pen/
renksiz	colourless /'kalılıs/
resepsiyon	reception /ri'sepşın/
resepsiyoncu	receptionist /ri'sepşınist/
resim	art /a:t/
resmi daire	government office /'gavımınt 'ofis/
ressam	artist /'a:tist/

revir	infirmary /in'fö:mıri/
rezene	fennel /'fenıl/
rıhtım	quay /ki:/
rica etmek	request /ri'kwest/
rimel	mascara /mı'ska:rı/
ringa	herring /'hering/
rol	part, role /pa:t, roul/
rol yapmak	act /ekt/
rom	rum /ram/
Romanya	Romania /ru:'meynıı/
romatizma	rheumatism /'ru:mıtizım/
rot	rod /rod/
rota	course /ko:s/
rozbif	roastbeef /'roustbi:f/
römorkör	tug /tag/
röntgen	x ray /'eksrey/
rötar	delay /di'ley/
ruhsat	registration card /reci'streyşın ka:d/
ruj	lipstick /lipstik/
rulet	roulette /ru:let/
Rusya	Russia /'raşı/
rüya görmek	dream /dri:m/
rüzgâr	wind /wind/

S

saat (60 dakika)	hour /'auı/
saat kayışı	watchband /woç bend/
saatçi	watch repairer /woç ri'peırı/
sabah	morning /'mo:ning/
sabırlı	patient /'peyşınt/
sabırsız	impatient /im'peyşınt/
sabun	soap /soup/

saç	hair /heı/
saç biçimi	hairstyle /'heıstayl/
saç fırçası	hairbrush /'heıbraş/
saç kremi	hair cream /heıkri:m/
saç kurutma makinesi	hair dryer /heıdrayı/
saç rengi	colour of hair /'kalı ov heı/
saç spreyi	hair spray /heısprey/
saç tıraşı olmak	have a haircut /hev ı heıkat/
saç tokası	hairpin /heıpin/
sade neskafe	black coffee /blek 'kofi/
sade, düz	plain /'pleyn/
sadık	faithful /'feytfıl/
saf, bön, toy	naive /nay'i:v/
safir	sapphire /'sefayi/
safra kesesi	gall bladder /go:l bledı/
sağ	live /'layv/
sağır	deaf /def/
sağlamak	provide /prı'vayd/
sağlık	health /helt/
sahip olmak	have, own /hev, oun/
sahne	stage /steyc/
sahtekâr	dishonest /dis'onist/
sakal	beard /bııd/
sakar	clumsy /'klamzi/
sakınmak	avoid /ı'voyd/
sakin, rahat	calm /ka:m/
saklanmak	hide /hayd/
saksağan	magpie /'megpay/
saksofon	saxophone /'seksıfoun/
sal	raft /raft/
salam	salami /sı'la:mi/
salamura	marinated /'merineytid/
salata sosu	salad dressing /'selıd dresing/
salatalık	cucumber /kyu:kambı/

salatalık turşusu	pickled cucumbers /'pikıld 'kyu:kambız/
salgın hastalık	epidemic /epi'demik/
salı	Tuesday /'ti:uzdi/
sallamak	shake /şeyk/
salon	lounge /launc/
salon güvertesi	saloon deck /sı'lu:n dek/
salyangoz	snail /'sneyl/
Samanyolu	milky way /milki wey/
samimi	sincere /sin'sıı/
samimiyetsiz	insincere /insin'sıı/
samur	sable /'seybıl/
sanat galerisi	art gallery /a:t 'gelıri/
sanat tarihi	history of art /hıstıri ov a:t/
sanatçı	artist /'a:tist/
sanatoryum	sanatorium /senı'to:rıım/
sanayici	industrialist /in'dastrıılist/
sandal	rowing boat /'rouwing bout/
sandalye	chair /çeı/
saniye	second /'sekınd/
sansar	marten /'ma:tın/
santral görevlisi	telephonist /tı'lefınist/
santral memuru	telephone operator /'telifoun oupıreytı/
sara	epilepsy /'epilepsi/
saray	palace /'pelıs/
sardalye	sardine /'sa:di:n/
sargı bezi	bandage /'bendic/
sarı	yellow /'yelou/
sarı ışık	yellow light /'yelou layt/
sarılık	jaundice /'co:ndis/
sarışın (bayan)	blonde /blond/
sarışın (erkek)	blond /blond/
sarmak	wrap /rep/

sarmısak	garlic /ga:lik/
satın almak	buy /bay/
satmak	sell /sel/
Satürn	Saturn /'setın/
sauna	sauna /'saunı/
savaş filmi	war film /wo: film/
savcı	prosecutor /'prosikyu:tı/
savunma	defence /di'fens/
savunmak	defend /di'fend/
saygın	respectable /ri'spektıbıl/
saymak (sayı)	count /kaunt/
sazan	carpfish /'ka:pfiş/
sebze çorbası	vegetable soup /'vectıbıl su:p/
seçmek	choose /çu:z/
seçmeli ders	optional subject /'opşınıl sab'cikt/
sedye	stretcher /'streçı/
sefil	miserable /'mizrıbıl/
segmanlar	piston rings /pistın ringz/
sehpa	coffee table /'kofi teybıl/
sekiz	eight /eyt/
sekizinci	eighth /eyt/
sekreter	secretary /'sekrıtiri/
seksen	eighty /'eyti/
sekseninci	eightieth /'eytiıt/
selâmlamak	greet /gri:t/
seloteyp	sticking plaster /'stiking pla:stı/
seminer	seminar /semi'nı/
semizotu	purslane /pö:sleyn/
sempatik	likable /'laykıbıl/
sendikacı	trade unionist /'treyd 'yu:niınist/
senfoni	symphony /'simfıni/
sepet	basket /'ba:skit/
serçe	sparrow /'sperou/

serçeparmak	little finger /'litıl 'fingı/
sergi	exhibition /'eksi'bişın/
sergilemek	display /dis'pley/
sertifika	certificate /sı'tifikıt/
serum	serum /'siırım/
servis	service /'sö:vis/
ses	voice /voys/
sessiz olmak	be quiet /bi 'kwayıt/
sessiz, sakin	quiet /'kwayıt/
sevimli, tatlı	nice /nays/
sevmek	like, love /layk, lav/
sevmemek	dislike /dis'layk/
seyahat etmek	travel /'trevıl/
seyirci	audience /'o:dyıns/
seyretmek	watch /woç/
sezon	season /'si:zın/
sıcak	hot /hot/
sıcak süt	hot milk /hot milk/
sıçan	rat /ret/
sıfır	zero /'ziırou/
sığ (su)	shallow (water) /'şelou'wo:tı/
sığ	shallow /'şelou/
sığırcık	starling /'sta:ling/
sık sık	often /'ofın/
sıkıcı	boring /'bo:ring/
sıkvaş	squash /skwoş/
sınamak	examine /ig'zemin/
sınav	examination /igzemi'neyşın/
sınıf	class /kla:s/
sınır	border /'bo:dı/
sıra	row /rou/
sıralamak	enumerate /i'nyu:mıreyt/
sırıkla atlama	pole vault /poul vo:lt/
sırt	back /bek/

sırt ağrısı	backache /ˈbekeyk/
sıska	skinny /ˈskini/
sızı	pain /peyn/
sifon	toilet flush tank /ˈtoylitˈflaşˈtenk/
sigortacı	insurer /inˈşuːrı/
silgi	rubber, eraser /rˈabı, ıˈreyzı/
silindir	cylinder /ˈsilindı/
silmek	erase, wipe /iˈreyz, wayp/
sinagog	synagogue /ˈsinıgog/
sincap	squirrel /ˈskwirıl/
sindirim	digestion /dayˈcesşın/
sinek	fly /flay/
sinema	cinema /ˈsinımı/
sinir	nerve /nöːv/
sinyaller	indicators /ˈindikeytız/
sipariş vermek	order /ˈoːdı/
sis	fog /fog/
sisli	foggy /fogi/
sistem analisti	system analyst /ˈsistım ˈenılist/
sit alanı	protected area /prıˈtektid ˈeırii/
sivilce	acne /ˈekni/
sivrisinek	mosquito /mıˈskiːtou/
siyah	black /blek/
siyah kehribar	jet /cet/
skor	score /skoː/
smokin	tuxedo /takˈsiːdou/
soda	soda /ˈsoudı/
soğan	onion /aniın/
soğuk	cold /kould/
soğuk algınlığı	cold /kould/
soğuk et tabağı	cold meat plate /kould miːt pleyt/
soğukkanlı	cold-blooded /koldˈbladid/
sohbet etmek	chat /çet/

sokak	road /roud/
solak	left-handed /left'hendid/
solgun	pale /peyl/
solist	soloist /'soulouist/
solucan, kurt	worm /wö:m/
soluk (renk)	pale (colour) /peyl 'kalı/
soluk borusu	windpipe /'windpayp/
soluk tenli	sallow /'selou/
som	salmon /'semın/
som balığı	salmon /'semın/
Somali	Somalia /sı'ma:lıı/
somun anahtarı	spanner /'spenı/
sonbahar	autumn /'o:tım/
sonuç	result /ri'zalt/
soprano	soprano /sı'pra:nou/
sormak	ask /a:sk/
soru	question /'kwesçın/
sosis	hot dog, sausage /hot dog, 'sosic/
soyadı	surname /'sö:neym/
soyunmak	undress /an'dres/
sörfçülük	surfing /'sö:fing/
söylemek	say, tell /sey, tel/
söz vermek	promise /'promis/
sözünü kesmek	interrupt /ıntı'rapt/
spagetti	spaghetti /'spageti/
spiker	announcer /ı'naunsı/
spor	sports /'spo:ts/
spor araba	sports car /spo:ts ka:/
spor ayakkabı	sports shoes /'spo:tsşu:z/
spor kulübü	sports club /'spo:ts klab/
sporcu (bayan)	sportswoman /'spo:tswumın/
sporcu (erkek)	sportsman /'spo:tsmın/
sportoto	football pools /'futbo:l pu:lz/

stadyum	stadium /'steydiım/
sterlin	pound, sterling /paund, stö:ling/
steyşın	station wagon /'steyşın wegın/
stop lambası	rear light /riılayt/
su	water /'wo:tı/
su kayağı	water skiing /'wo:tı 'ski:ing/
su tesisatçısı	plumber /'plambı/
subay	officer /'ofisı/
sucuk	Turkish salami /'tö:kiş sı'la:mi/
suçiçeği	chicken pox /'çikin poks/
suçlamak	accuse, blame /ı'kyu:z, bleym/
Sudan	Sudan /su:'dan/
sufle çeşitleri	souffle varieties /'su:fley vırayıti:z/
sulu boya	water colours /'wo:tı kalız/
suluboya	waterpaint /'wo:tıpeynt/
sumen	blotting pad /'bloting ped/
sundurma	porch /po:ç/
suni ipek	artificial silk /a:ti'fişıl silk/
sunucu	compere /'kompeı/
supap	valve /velv/
supap yayı	valve springs /velv springz/
Suriye	Syria /'sirıı/
susamak	be thirsty /bi tö:sti/
sutyen	bra /bra:/
Suudi Arabistan	Saudi Arabia /saudi ı'reybıı/
süet	suede /sweyd/
sülün	pheasant /'fezınt/
sümbül	hyacinth /'hayısint/
sümüklüböcek	slug /slag/
sünger	sponge /spanc/
süpürmek	sweep /swi:p/
sürahi	jug /cag/
sürat teknesi	powerboat /'pauıbout/

süresince	during /dyu:ring/
sürmek (oto)	drive /drayv/
sürmek	rub /rab/
sürüklemek	drag /dreg/
sürüngen	reptile /'reptayl/
sürünmek	creep /kri:p/
süslemek	decorate /'dekıreyt/
süspansiyon	suspension /sı'spenşın/
sütlaç	rice pudding /rays puding/
sütlü neskafe	white coffee /wayt 'kofi/
süveter	sweater /swetı/

Ş

şafak	dawn /do:n/
şaft	shaft /şaft/
şahin, doğan	falcon /'fo:lkın/
şaka yapmak	joke /couk/
şal	shawl /şo:l/
şalgam	turnip /tö:nip/
şamandıra	float /'flout/
şampanya	champagne /şem'peyn/
şampiyon	champion /'çempyın/
şampuan	shampoo /şem'pu:/
şanslı	lucky /'laki/
şanssız	unlucky /an'laki/
şanzıman	gearbox /'gııboks/
şapka	hat /het/
şarap	wine /wayn/
şarkı	song /song/
şarkı söylemek	sing /sing/
şarkıcı	şarkıcı /'singı/
şaşırtmak	surprise /sı'prayz/
şeftali	peach /pi:ç/

şeftali suyu	peach juice /pi:ç cu:s/
şekerlik	sugar bowl /'şugıboul/
şelale	waterfall /wo:tıfo:l/
şempanze	chimpanzee /çimpen'zi:/
şemsiye	umbrella /ambrelı/
şen şakrak	vivacious /vi'veyşıs/
şen, neşeli	cheerful /'çiıfıl/
şevkli, gayretli	zealous /'zelıs/
şeytani	wicked /'wikid/
şezlong	deckchair /'dekçeı/
şımarık	spoiled /spoyld/
şımartmak	spoil /spoyl/
şırınga	syringe /si'rinc/
şikâyet	complaint /kım'pleint/
şikâyet etmek	complain /kım'pleyn/
şilep	freighter /'freytı/
şimdi	now /nau/
şimşek	lightning /'laytning/
şirin	cute /kyu:t/
şirin, sevimli	cute /kyu:t/
şiş kebap	shish kebap /'şiş kı'beb/
şiş(ler)	skewers /'skyu:ız/
şiş, şişkinlik	swelling /'sweling/
şişe açacağı	bottle opener /botıl oupını/
şişman	fat /fet/
şnitzel	schnitzel /'şnitsıl/
şoför	driver /'drayvı/
şort	shorts /şo:ts/
şömine	fire place /'fayıpleys/
şubat	February /'februıri/
şüphelenmek	suspect /sı'spekt/

T

taahhütlü	registered /'recistıd/
tabak	plate /płeyt/
tabaklık	dish rack /dişrek/
tablet	pill /pil/
tablo	painting /'peynting/
tabut	coffin /'kofin/
tahmin etmek	guess /ges/
takdim etmek	present /pri'zent/
takdir etmek	appreciate /ı'pri:şieyt/
takım	team /ti:m/
takım elbise	suit /su:t/
takip etmek	follow /'folou/
taklit etmek	imitate /'imiteyt/
takma ad	nickname /'nikneym/
taksi	taxi /'teksi/
taksi durağı	taxi stop /'teksi stop/
takvim	calendar /'kelındı/
talep etmek	demand /di'ma:nd/
talk pudrası	talcum powder /'telkım paudı/
tam pansiyon	full board /ful bo:d/
tamamlamak	complete /kım'pli:t/
tamir etmek	repair, mend /ri'peı, mend/
tamirci	mechanic /mi'kenik/
tampon	bumper /bampı/
tandır	roasted in an oven /'roustıd in ın ovn/
tango	tango /'tengou/
tanımak	recognize /'rekıgnayz/
tanımlamak	describe /di'skrayb/
tanıştırmak	introduce /intrı'dyu:s/
tanker	tanker /tenkı/

tarafından	by /bay/
taraftar	supporter /sı'po:tı/
tarak	comb /koum/
tarama	fish roe salad /fiş rou 'selıd/
taramak	comb /koum/
tarçın	cinnamon /'sinımın/
tarife	timetable /'taymteybıl/
tarifeli sefer	scheduled flight /'şedyu:ld flayt/
tarih	history /'histıri/
tarihi film	historical film /hi'storikıl film/
tarlakuşu	lark /la:k/
tartışmak	discuss , argue /dis'kas, 'a:gyu:/
tartmak	weigh /wey/
tas kebabı	goulash /gu:leş/
taşımak	carry /'keri/
tatmak	taste /teyst/
tava	frying-pan /'frayingpen/
tavan	ceiling /'si:ling/
tavla	backgammon /'bekgemın/
tavsiye etmek	advise /ıd'vayz/
tavşan	rabbit /'rebit/
tavuk	hen /hen/
tavuk çorbası	chicken soup /'çikın su:p/
tavuk söğüş	cold chicken /kould 'çikın/
tavuskuşu	peacock /'pi:kok/
tay	colt /koult/
Tayland	Thailand /'taylend/
Tayvan	Taiwan /tay'wa:n/
tayyör, döpiyes	suit /su:t/
taze	fresh /'freş/
taze mısır çorbası	sweet corn soup /swi:t ko:n su:p/
tebeşir	chalk /ço:k/
tebrik etmek	congratulate /kın'greçuleyt/

tecrübe etmek	experience /ik'spıırıms/
tedarik etmek	supply /sı'play/
tedavi	treatment /'tri:tmınt/
tedavi etmek	cure /kyuı/
tedbirli	cautious /'ko:şıs/
tehdit etmek	threaten /'tretın/
tek yönlü trafik	one way traffic /wan wey 'trefik/
tekerlekler	wheels /wi:lz/
tekerlekli paten	roller skate /'roulı skeyt/
tekir	striped red mullet /straypt red malit/
tekler	singles /singılz/
teklif etmek	offer /'ofı/
tekme atmak	kick /kik/
teknisyen	technician /tek'nişın/
tekrarlamak	repeat /ri'pi:t/
teksir makinesi	duplicator /'dyu:plikeytı/
tekvando	taekwando /'tekwandou/
tel	wire /'wayı/
tel fırça	wire brush /'wayı braş/
tel raptiye	staple /'steypıl/
tel zımba	stapler /'steyplı/
telaffuz etmek	pronounce /prı'nauns/
teleferik	cable car /'keybıl ka:/
telefon	telephone /'telifoun/
telefon etmek	telephone, phone /'telifoun, foun/
telefon jetonu	telephone token /'telifoun toukın/
teleks	telex /'teleks/
televizyon	television /'telivijın/
televizyon istasyonu	tv station /ti:vi: 'steyşın/
telgraf	telegram /'teligrem/
telsiz odası	wireless room /'wayılıs rum/

temas kurmak	contact /'kontekt/
tembel	lazy /leyzi/
temizlemek	clean /kli:n/
temmuz	July /cu:'lay/
temsil	performance /pı'fo:mıns/
temsil etmek	represent /repri'zent/
ten rengi	tan /ten/
tencere	saucepan /'so:spen/
teneke	tin /tin/
tenis	tennis /'tenis/
tentürdiyot	iodine /'ayıdi:n/
tepe	hill /hil/
tepsi	tray /trey/
ter	sweat /swet/
teras	terrace /'terıs/
tercih etmek	prefer /pri'fö:/
tercüman	interpreter /in'tö:pritı/
tercüme etmek	translate /trenz'leyt/
tere	cress /kres/
tereddüt etmek	hesitate /'heziteyt/
terk etmek	abandon /ı'bendın/
terlik	slippers /slipız/
termometre	thermometre /tı'momitı/
termos	flask /fla:sk/
termostat	thermostat /'tö:mıstet/
terzi	tailor /'teylı/
teslim etmek	deliver /di'livı/
teslim olmak	surrender /sı'rendı/
testere	saw /so:/
teşekkür etmek	thank /tenk/
teşhis	diagnosis /dayıg'nousis/
teyze, hala	aunt /a:nt/
tezgâhtar	shop assistant /şop ı'sistınt/
tıraş fırçası	shaving brush /'şeyving braş/

tıraş kremi	shaving cream /'şeyving kri:m/
tıraş losyonu	after shave lotion /a:ftışeyv louşın/
tıraş makinesi	electric razor /i'lektrikreyzı/
tıraş olmak	have a shave /hev ı şeyv/
tıraş sabunu	shaving soap /'şeyving soup/
tırmalamak	scratch /skreç/
tırmanmak	climb /klaym/
tırnak	fingernail /'fingıneyl/
tırnak makası	nail clippers /neyl klipız/
tırnak törpüsü	nail file /neyl fayl/
tırtıl	caterpillar /'ketıpilı/
tilki	fox /foks/
timsah	crocodile /'krokıdayl/
tişört	T-shirt /ti: şö:t/
tiyatro	theatre /'tiıtı/
tokat atmak	slap /slep/
tokmak	mallet /'melit/
ton	tunny /tani/
tonik	tonic /'tonik/
topaz	topaz /'toupez/
toplamak	collect, pick /kı'lekt, pik/
toplardamar	vein /veyn/
toplu iğne	pinch /pinç/
topuk	heel /hi:l/
tornavida	screwdriver /'skru:drayvı/
torun (erkek)	grandson /'grensan/
torun (kız)	granddaughter /'grendo:tı/
torun	grandchild /'grençayld/
tost makinesi	toaster /toustı/
toz almak	dust /dast/
trafik	traffic /'trefik/
trafik ışıkları	traffic lights /'trefik layts/
trafik kuralları	traffic rules /'trefik ru:lz/

traktör	tractor /'trektı/
tramvay	tram./trem/
trança	sea bream /si: bri:m/
transatlantik	(ocean) liner /'ouşın 'laynı/
tren	train /treyn/
tren istasyonu	train station /treyn 'steyşın/
tribün(ler)	stands /stendz/
troleybüs	trolley bus /'trolibas/
trombon	trombone /trom'boun/
trompet	trumpet /'trampit/
tropi	trophy /trofi/
tuğla	brick /brik/
tukan	toucan /'tu:kın/
Tunus	Tunisia /tyu:'niziı/
turistik mevki	tourist class /'tuırist kla:s/
turna	crane /kreyn/
turnuva	tournament /'tuınımınt/
turp	radish /rediş/
turşu	pickles /'pikılz/
turta, kek	pie /pay/
turuncu	orange /'orinc/
tutkal	glue /glu:/
tutmak	hold /hould/
tutuklamak	arrest /ı'rest/
tuval	canvas /'kenvıs/
tuvalet (giysi)	evening dress /'i:vning dres/
tuvalet (hela)	toilet, lavatory /'toylit, 'levıtri/
tuvalet kâğıdı	toilet paper /'toylitpeypı/
tuvalet masası	dressing table /'dresing teybıl/
tuz	salt /so:lt/
tuzluk	salt cellar /solt'selı/
tüccar	merchant /'mö:çınt/
tükenmezkalem	ball pen /'bo:l pen/
tüketmek	consume /kın'syu:m/

tünel	tunnel /'tanıl/
türban	turban /'tö:bın/
Türk kahvesi	Turkish coffee /'tö:kiş 'kofi/
Türk lirası	Turkish lira /'tö:kiş lira/
Türkçe	Turkish /'tö:kiş/
Türkiye	Turkey/'tö:ki/
türkuaz	turquoise /'tö:kwoyz/

U

ucuz	cheap /çi:p/
uçak	plane, aircraft /pleyn, 'eıkra:ft/
uçakla	by air mail /bay eımeyl/
uçmak	fly /flay/
uçuş	flight /flayt/
uçuş menzili	range of flight /renyc ov flayt/
uçuş zamanı	flying time /'flaying taym/
ufak	small /smo:l/
Uganda	Uganda /yu:'gendı/
uğur boncuğu	charm /ça:m/
uğurböceği	ladybird /'leydibö:d/
ummak	expect /ik'spekt/
umut etmek	hope /houp/
unutmak	forget /fı'get/
ur	tumour /tyu:mı/
Uranus	Uranus /yu'reynıs/
Uruguay	Uruguay /'yuırıgway/
uskumru	mackerel /'mekrıl/
utangaç	shy, bashful /şay, 'beşfıl/
uyanmak	wake up /'weyk ap/
uyarlamak	adapt /ı'dept/
uyarmak	warn /wo:n/
uydu	orbit /o:bit/
uydurmak	make up /meyk ap/

uygulamak	apply /ı'play/
uygun olmak	suit /su:t/
uyku ilacı	sleeping pill /'sli:ping pil/
uykusuzluk	insomnia /'insomnıı/
uymak (giysi)	fit /fit/
uyumak	sleep /sli:p/
uyuyakalmak	fall asleep /fo:l, ı'sli:p/
uzanmak	lie down /lay daun/
uzatma	extend /iks'tend/
uzay	space /speys/
uzaygemisi	space ship /speysşip/
uzman	expert /'ekspö:t/
uzun	long /long/
uzun atlama	long jump /'long camp/
uzun boylu	tall /to:l/
uzun kollu	long sleeved /long 'sli:vd/
uzun metrajlı film	feature (film) /'fi:çı film/

Ü

üç	three /tri:/
üçgen	triangle /'trayengıl/
üçkâğıtçı	devious /'di:viıs/
üçlü koltuk	sofa /soufı/
üçte bir	a third /ı tö:d/
üçüncü	third /tö:d/
üflemek	blow /blou/
ülser	ulcer /'alsı/
üniversite	university /yu:ni'vö:siti/
ünlü	famous /'feymıs/
Ürdün	Jordan /'co:dın/
üretim	production /prı'dakşın/
üretken	productive /prı'daktiv/
üretmek	produce /prı'dyu:s/

ürkek, çekingen	timid /'timid/
üst	top /top/
üst geçit	overpass /'ouvıpa:s/
üst güverte	upper deck /'apıdek/
üst karter	crankcase /krenkkeys/
üst kat	top floor /top flo:/
üstünde	on /on/
ütü	iron /'ayın/
ütülemek	iron /'ayın/
üvey anne	step mother /step'madı/
üvey baba	step father /step fa:dı/
üzerinde	over /ouvı/
üzgün	sad /sed/
üzgün olmak	be sad /bi sed/
üzüm	grapes /greyps/

V

vadi	valley /'veli/
vagon	carriage /'keric/
vahşi	wild /wayld/
valilik	governor's office /'gavınız 'ofis/
valiz	luggage /'lagic/
vapur iskelesi	boat station /bout 'steyşın/
var olmak	exist /ig'zist/
varış	arrival /ı'rayvıl/
varış yeri	destination /desti'neyşın/
varil	barrel /'berıl/
varmak	arrive /ı'rayv/
vasıfsız	unqualified /an'kwolifayd/
vasiyet	will /wil/
vaşak	lynx /links/
vazelin	vaseline /'vesilin/
vazgeçmek	give up /giv ap/

vazo	vase /va:z/
vefalı, sadık	loyal /'loyıl/
Venezuela	Venezuela /veni'zweylı/
Venüs	Venus /vi:nıs/
verem	tuberculosis /tiubö:'kiulousis/
vermek	give /giv/
vestiyer	cloakroom /'kloukrum/
veteriner	veterinary /'vetırinıri/
veznedar	treasurer /'trejırı/
vida	screw /skru:/
video oynatıcı	video player /'vidioupleyı/
Vietnam	Vietnam /vyet'nem/
villa	villa /'vilı/
viraj	curve, bend /kö:v, bend/
viski	whisky /'wiski/
vişne	morello /mırelou/
vişne suyu	morello cherry juice /mırelou çeri cu:s/
vitamin hapı	vitamin pills /'vitımin pilz/
vize	visa /'vi:zı/
vokalist	vocalist /'voukılist/
voleybol	volleyball /'volibo:l/
votka	vodka /'vodkı/
vurmak	hit /hit, strayk/
vücut	body /badi/
vücut geliştirme	body building /'bodi'bilding/

Y

yabanarısı	bumble-bee /'bambılbi:/
yabancı para	foreign money /'forin mani/
yağ filtresi	oil filter /oyl filtı/
yağlı boya	oils /oylz/
yağlıboya	oilpaint /'oylpeynt/

yağmur	rain /reyn/
yağmurlu	rainy /reyni/
yağmurluk	raincoat /'reynkout/
yaka	collar /'kolı/
yakalamak	catch /keç/
yakışıklı	handsome /'hensım/
yakıt tankı	fuel tank /fyu:l tenk/
yaklaşmak	approach /ı'prouç/
yakmak	burn, light /bö:n, layt/
yakut	ruby /'ru:bi/
yalamak	lick /lik/
yalnız	lonely /'lounli/
yalvarmak	plead /pli:d/
yanak	cheek /çi:k/
yanardağ	volcano /vol'keynou/
yanık	burn /bö:n/
yanında	near /niı/
yanlış anlamak	misunderstand /misandı'stend/
yansıtmak	reflect /ri'flekt/
yapıştırıcı	adhesive /'ıdhi:siv/
yapıştırmak	stick /stik/
yapmak	do, make /du:, meyk/
yara	wound /wund/
yara bandı	band-aids /'bendeydz/
yarasa	bat /bet/
yaratıcı	inventive /'inventiv/
yaratmak	create /kri'eyt/
yardım etmek	help /help/
yardımsever	helpful /'helpfıl/
yarı final	semi final /semi 'faynıl/
yarım	half /ha:f/
yarımada	peninsula /pı'ninsyulı/
yarın	tomorrow /tı'morou/
yarış	race /reys/

yarışma	competition /'kompı'tişın/
yarışmacı	competitor /'kompıtitı/
yasaklamak	forbid /fı'bid/
yastık	pillow /'pilou/
yaş	age /eyc/
yaşamak	live /liv/
yaşında	aged /'eycd/
yaşlı	old /ould/
yat	yacht /yot/
yatak	bed /bed/
yatak odası	bedroom /'bedrum/
yatak örtüsü	bedspread /'bedspred/
yataklı vagon	sleeping car /'sli:ping ka:/
yatçılık	yachting /'yoting/
yatılı okul	boarding school /'bo:ding sku:l/
yavaş	slow /slou/
yay	spring /spring/
yaya	pedestrian /pi'destrıın/
yaya kaldırımı	pavement /'peyvmınt/
yayımcı	publisher /'pablişı/
yayın yapmak	broadcast /'bro:dka:st/
yayınbalığı	catfish /ketfiş/
yayla	plateau /'pletou/
yayla çorbası	highland soup /'haylend su:p/
yaylar	springs /springz/
yaymak	spread /spred/
yaz	summer /'samı/
yazar	author /'o:tı/
yazı tahtası	writing board /'rayting bo:d/
yazıcı	printer /'printı/
yazılı sınav	written test /'ritın test/
yazlık elbise	summer dress /'samıdres/
yazmak	write /rayt/
yedi	seven /'sevın/

yedinci	seventh /'sevınt/
yeğen (erkek)	nephew /'nefyu:/
yeğen (kız)	niece /'ni:s/
yelek	waistcoat /'weyskout/
yelkencilik	sailing /'seyling/
yelkenli	sailing boat /'seyling bout/
yemek	eat /i:t/
yemek borusu	oesophagus /i'sofıgıs/
yemek odası	dining room /'dayning rum/
yemek salonu	dining room /'dayning rum/
yemekli vagon	dining car, diner /'dayning ka:, daynı/
Yemen	Yemen /'yemın/
yengeç	crab /kreb/
yeni	new /nyu:/
yeni doğmuş	newly-born /'nyuli bo:n/
Yeni Zelanda	New Zealand /nyu: 'zi:lınd/
yenileme	renew /ri'nyu:/
yenilgi	defeat /'difi:t/
yenmek	defeat /di'fi:t/
yer ayırtma	reservation /rezı'veyşın/
yer ayırtmak	book, reserve /buk, ri'zö:v/
yerleştirmek	place /pleys/
yeşil	green /gri:n/
yeşil ışık	green light /'gri:n layt/
yeşil salata	green salad /'gri:n 'selıd/
yeşil soğan	chives /çayvz/
yeşim	jade /ceyd/
yetenekli	talented /'telıntıd/
yetişememek	miss /mis/
yetişkin	adult /ı'dalt/
yetişmek (bitki)	grow /grou/
yetişmek	catch /keç/
yetmiş	seventy /'sevınti/

yetmişinci	seventieth /'sevıntıit/
yıkamak	wash /wo:ş/
yıl	year /yiı/
yılan	snake /sneyk/
yılanbalığı	eel /i:l/
yıldırım	thunderbolt /'tandıbolt/
yıldız	star /sta:/
yırtmak	tear /teı/
yirmi	twenty /'twenti/
yirmi birinci	twenty-first /'twenti 'fö:st/
yirmi dördüncü	twenty-fourth /'twenti 'fo:t/
yirmi ikinci	twenty-second /'twenti 'sekınd/
yirmi üçüncü	twenty-third /'twenti 'tö:d/
yirminci	twentieth /'twentiıt/
yoğurt	yoghurt /'yogıt/
yok etmek	demolish /di'moliş/
yoksun olmak	lack /lek/
yol	road /roud/
yol göstermek	guide /gayd/
yolcu	passenger /'pesincı/
yolcu gemisi	passenger ship /'pesincışip/
yolculuk	journey /'cö:ni/
yorgan	quilt /kwilt/
yorgun	tired /'tayıd/
yön	direction /'direkşın/
yönetmek	direct /di'rekt, day'rekt/
yönetmelikler	regulations /regyu'leyşınz/
yönetmen	director /di'rektı/
yukarısında	above /ı'bav/
yumruk	fist /fist/
yumruklamak	punch /panç/
yumurtalık	eggcup /'egkap/
Yunanistan	Greece /gri:s/
yunus	dolphin /'dolfin/

yurt içi görüşme	domestic call /dı'mestik ko:l/
yusufçuk	dragonfly /'dregınflay/
yüksek atlama	high jump /'hay camp/
yüksek lisans	master's degree /'ma:stız di'gri:/
yükseklik	height /hayt/
yünlü	wool /wul/
yürümek	walk /wo:k/
yüz (100)	one hundred /wan 'handrıd/
yüz (surat)	face /feys/
yüz havlusu	facecloth /feys klout/
yüz pudrası	face powder /feys paudı/
yüzde	per cent /pı sent/
yüzme	swimming /'swiming/
yüzme havuzu	swimming pool /'swiming pu:l/
yüzmek	swim /swim/
yüzük	ring /ring/
yüzükparmağı	ring finger /'ring 'fingı/
yüzüncü	one hundredth /wan 'handrıdt/
yüzyıl	century /'sençıri/

Z

zalim, gaddar	cruel /'kru:ıl/
Zambiya	Zambia /'zembiı/
zamk	glue /glu:/
zamk, tutkal	glue /glu:/
zannetmek	suppose /sı'pouz/
zar	dice /days/
zarar vermek	harm /ha:m/
zarf	envelope /'enviloup/
zargana	sea-pike /'si:payk/
zarif	elegant /'eligınt/
zebra	zebra /'zi:brı/

zeki	intelligent /in'telicınt/
zemin kat	basement /'beysmınt/
zencefil	ginger /'cıncı/
zengin	rich /riç/
zerdali	wild apricot /wayld eyprikot/
zeytin	olives /'olivz/
zeytinyağlı	in olive oil /in oliv oyl/
zil	bell /bel/
zincir	chain /çeyn/
ziyaret etmek	visit /'visit/
zor	difficult /'difikılt/
zorlamak	force /fo:s/
zührevi hastalık	venereal disease /vı'niırııl di'zi:z/
zümrüt	emerald /'emırıld/
zürafa	giraffe /ci'ra:f/